考える練習

伊藤真

サンマーク出版

はじめに

人生は「未知の問題」であふれている

なぜ自分は深く考えられないのか悩んだことはないだろうか。自分の考えを聞かれて、中身のないことを言ってしまい、恥ずかしい思いをしたことはないだろうか。正しいものと考えて判断したのに、あとになって「なんて浅はかだったんだ」と後悔したことはないだろうか。

私たちは、ことあるごとに「自分で考えろ」と言われ続けてきた。

学校でも、仕事でも、自分の頭で考えられる人間が能力を発揮することを、みなが経験的に知っているからだ。実際、司法試験などに短期間の勉強で合格したり、仕事の場で活躍したりできる人間は、たいてい「考える力」が優れているように思う。

とはいえ、私たちはどうやって考えたらいいのか、考えるやり方についてはほとんど無知である。そもそも「考える」ということがどういうことかも教わってきていないのだ。

私たちは、子どもの頃からずっと「自分で考えなさい」と言われ続けてきたが、何をもって「考える」といい、そのために具体的にどうしたらいいのかを教わったことはないのだ。

だからなんとなく、ひらめくのを待ったり、インターネットや書物でいろいろ調べたりすることを「考える」ことだと勘違いしてしまっている。

それでは「考える力」は身につかない。「考える練習」をしなければならないのだ。

私は、法律家や公務員を目指す人たちのための受験指導校「伊藤塾」を主宰している。塾を開いたのは、今から三〇年前になる。

これまで、日本で最難関の試験といわれる司法試験を目指す、たくさんの人たちと関わってきた。毎年多くの塾生が、司法試験をはじめ、司法書士試験や行政書士試験、公務員試験に合格している。

伊藤塾で出会い、その後、活躍するたくさんの塾生たちを見ていても、「考える練習」をすることが何より大切であると感じている。**頭がいいと言われる人たちは「考える力」が優れている。**

元来、法律家は考えるのが仕事である。法律家の「考える」は何かというと、「未知の問題」に対して「答えをつくり出す」ことである。

法律の世界では、唯一の正解などないのだ。自分で答えをつくり出して、その答えを「事実」と「論理」と「言葉」で説得するのが法律家の技術である。

法律とは説得の技術なのだから、自分勝手に「これが正しい」と思い込んでいるだけではどうしようもない。それをみなにわかってもらうために、「事実」と「論理」と「言葉」で説得をするのが、法律家の役目なのである。

検索するのは、「考える」ことじゃない

ロースクールに入った学生がよく失敗するのは、「考えること」と「探し出すこと」を勘違いしてしまうことである。

ロースクールの授業で、学生は課題を出される。そのために予習してくるわけだが、多くの学生は図書館に行って一生懸命、文献や判例を探したり、学者の論文を読んだりする。そしてその課題に対する答えを探しまくる。

一日がかりで探しまくって、ようやくその答えが見つかると、「ああ、よかった」と胸をなでおろして翌日の授業に出席する。先生に当てられると、嬉々としてその答えを発表し、「正解だ。よく勉強しているね」とほめられる。

そんな勉強を二年、三年続ける人が多い。

これは何の訓練をしているのかというと、「リサーチ」の訓練だ。法律家になる訓

練ではない。文献などいろいろな情報を集めてきて、答えらしきものを探し出すリサーチは、パラリーガル、つまり法律家の秘書の仕事である。法律家は、集められた情報の中にはない答えを導き出すのが仕事である。

だから三年間、必死になってロースクールでリサーチャーになる訓練をしてきた人間が現場に出て法律家になると、「ちょっと使えない」という評価になってしまう。与えられた課題に対して、同じように答えを探しまくってしまうからだ。

せっかく勉強してきたのに「君は調査能力は優れているんだけどねえ。法律家には向いてないね」と言われてしまうのはあまりに悲しい。その失敗の大きな原因は、「考える」ということがわかっていなかったことにつきるだろう。

他人が考えた答えを探すのは「考える」ではない。それはたんなる調査、リサーチである。その証拠に、リサーチをしているときは、答えを見つける作業に没頭していて、「考えて」はいない。自分では考えているつもりでも、じつはたんなる「作業」をしているだけで何も考えていないのだ。

もしリサーチをしながら「考える」とすると、自分なりの新しい答えをつくり出すために、目的意識をもって探すのでなければならない。まだない答えをつくり出すために、文献を調べるのと、すでにある答えを見つけるために文献を探すのとでは、外から見た行為はまったく同じでも、中身はまるで違うのである。

「考える力」が人生の不安を解消する

なぜ「考える」ことが必要なのか。

それは、自分が生き延びるために必要だからだ。

世の中は何が起こるかわからない。予測不可能なことが起きたとき、自分が生き延びるためにどうするのか、考えることができなければ生きていけない。

それこそ自然災害で大地震や火山の爆発が襲いかかるかもしれないし、国が戦争に巻き込まれたり、会社が突然倒産したりする可能性だってある。そんなとき、どうやって自分の身を守るのか。

そもそも、人生は「未知の問題」であふれている。

ふだんから自分の頭で考えないでいると、人の指示に従ったり、集団についていったりするしかないだろう。だが、人の指示やみなの意見が正しいとは限らない。自分にふりかかった火の粉は自分で振り払わないと、誰も責任はとってくれないのだ。

人は、生きている間に、きっと何かの問題に直面するだろう。

それを乗り越えたり、解決したりする方法をちゃんと自分の頭で考えられるほうが、人生がより楽になるし、幸せに生きられる。

だから、**「考える練習」を重ねていれば、あなたという個人がより幸せに生きられる。自分以上に自分のことをちゃんと考えてくれる人は、ほかにいない。**

そして、一人ひとりがものを考え、主体的に生きるということは、社会全体がよりよくなっていくことにつながる。主体的に生きる個人が集まって、他者を尊重しながら社会をつくっていくのだから、社会はよりよい方向に成長し、社会全体の幸せの総量が増えていく。

もし一人ひとりが考えることをやめてしまうと、「なぜだろう」ということを考える人がいなくなるので、紛争や貧困、格差も拡大してしまうかもしれない。そういう大きな問題は自分とは関係ないし、自分が考えたところで解決できないと思うかもしれないが、一人ひとりがものを考えなくなってしまったら、そうした大きな問題はいっさい解決できなくなってしまう。

「考える練習」は、あなたという個人、そして社会を幸せにすることにつながるのだ。

さあ、よりよく生きるために、「考える練習」を始めよう。

考える練習 目次

はじめに

人生は「未知の問題」であふれている …………1
検索するのは、「考える」ことじゃない …………4
「考える力」が人生の不安を解消する …………6

第1章 「考える練習」の最初の一歩

頭のいい人がふだんやっていること …………18
まずは「新聞」を読み比べる …………21
「関係性」に注目する横展開 …………24
とことん「深掘り」する縦展開 …………26
「共通点」と「相違点」を見つける …………29
「二項対立」するものを比較する …………31
わざと「極端な言い方」をしてみる …………33

「具体」と「抽象」をくり返す……………36
「なぜ？」「なぜ？」「なぜ？」と三回問う……………40
子どもの「純粋な疑問」を見つめる……………44

第2章　「日常生活」の中で鍛える練習

どうして「これ」に決めたのか？……………48
目にした「ささいなもの」に関心を持つ……………52
理由を「必ず三つ」考えておく……………55
同じテーマの本、同じ著者の本を読み比べる……………57
「仲のいい人」だけで周囲を固めない……………60
意識して「いつもと違うこと」をする……………62

第3章 「論理的」に考える練習

「論理的に考える」とはどういうことか……66
二元論的に「区別」してみる……68
「悩み」も論理的に解決できる……72
「結論がわからないとき」どうすればいいか……75
相手と共有できる「物差し」を見つける……77
「結論」「根拠」「証拠」の三つを意識する……79
「説明しないと伝わらない」が前提……83

第4章 「論理的」に伝える練習

頭のいい人が使っているIRACとは？……88
「法的三段論法」で説明する……90

物事を「二つに分けて」説明する……92
こうして「思考を可視化」する……96
「あたり前」という言葉は使わない……99
「抽象」と「具体」の両方を使う……101
文化が異なる人と話をする……104

第5章 考える「精度」をあげる練習

目標を「最小化」する……108
「切り捨てる」勇気をもつ……111
「あえてやらないこと」をリストアップする……114
いったん「ここでやめる」と決める……117
モチベーションが「下がったとき」どうするか……119
「時計」は最強のコーチ……121

「わかったつもり」でスルーしない……123
地図を見ないで目的地まで行ってみる……126
「どんなことでも楽しめる人」になる……128
「人がいるとき」のほうが集中できる……130
「年をとって頭がかたくなる」は間違い……132

第6章 考え続ける、考えるのをやめる

名案が「降りて」くるのはどんなとき?……136
あえて「ちょっと寝かせる」のもいい……138
「考えるのをやめる力」が大事なわけ……140
「ベストな結論」じゃなくていい……142
「考えた末の決断」なら必ずプラスになる……144

第7章　「想像力」を広げる練習

考え続けたあとに「ひらめき」はやってくる……148
「鳥の目」と「虫の目」をもつ……150
物理的に「場所」を変える……152
地図を「さかさま」に見る……155
役者のように「別人」になりきって話す……158
「時間軸」と「空間軸」を動かす……161
「先延ばし」が正解のこともある……164
「考える力」が人生を切り開いていく……166

おわりに 171

第1章

「考える練習」の最初の一歩

頭のいい人がふだんやっていること

私たちは学校で、知識をつめこむことや、正解を探し出すテクニックは、長年教えられてきた。

みな知識の羅列や披露は得意だ。いまはもうインターネットでいくらでもぼうだいな知識にアクセスできる時代である。知識をたくさんもっていることなど、アドバンテージにはならない。それを使って「どう考えるか」が重要な時代なのである。

「はじめに」でも書いたが、法律家は、「考える」ことが仕事だ。彼らは、ぼうだいな条文や判例を読み込み、それをうまく組み合わせ、「未知の問題」に対してゼロから自分で答えを導き出していく。

「未知の問題」に対して「答えをつくり出す」。それが法律家にとっての「考えること」である。法律の世界では、唯一の正解などない。自分で答えをつくり出して、その答えを「事実」と「論理」と「言葉」で説得する技術が、法律家の能力である。

法律とは説得の技術なのだから、自分勝手に「これが正しい」と思い込んでいるだけではどうしようもない。それをみなにわかってもらうために、「事実」と「論理」と「言葉」で説得をするのが、法律家の役目である。

これは法律家のみならず、仕事でも人生でも、同じではないだろうか。

仕事でも人生でも、私たちはさまざまな選択をしている。

たとえば、どんな商品が売れるのか。どんな企画が当たるのか。仕事でだれと組むべきか。どの事業に参画すべきか。人生の選択なら、司法試験を目指すべきかやめるべきか。どの会社や大学に入るのか。どこに住むのか。だれと結婚するのか……。

そして、マーケティングをしたり、予測をしたり、比べたりと、試行錯誤を重ね、最大限努力をするだろう。しかし、その結果は誰にもわからない。過去の事例をいくら探しても、今度の事例がそれにあてはまるかどうかはわからない。そこに正解はないのだ。それをいろいろ検討しながら、決断していくのがビジネスである。

これは売れるに違いないと自分で確信したならば、なぜこれが売れるのかということとを、「事実」と「論理」と「言葉」をもって上司やクライアント、ひいては世の中に説明して、「これでやりたい」と言わなければいけない。思っているだけでは伝わらないのだ。

正解を見つけるまでの過程に無限の方法論があり、さまざまなアプローチがある。どの方法論が正しいかは誰にもわからないので、自分でつくり出した答えを「事実」と「論理」と「言葉」で説得していくわけだ。

法律家が通常行っている考え方の基本的なアプローチのしかたは、さまざまな場面で通用すると私は思っている。実際、世の中で「頭がいい」と言われる人たちは、法律家と同じアプローチで考えている。

「考えろ」と言われて、ただじっと考えがひらめいてくるのを待っていても、考えは浮かんでこない。「目をつぶって一生懸命考えているんです」と言いながら、そのうち眠くなって寝てしまうのがおちである。だからまず、「考える練習」として、こんなやり方や観点があるという事例を、いくつか知っておいたほうがいいだろう。

この章では、そんな「考える練習」の基本的なアプローチについて述べていきたい。

まずは「新聞」を読み比べる

物事を考えるきっかけとして、最初にすすめたいのは、**「対立する二つのものを比べる」**方法だ。

まずは自分がAと考えるなら、あえてその反対のBという考えにふれてみる。すると、いやでも「なぜこんな考え方をするのだろう」と、むくむくと疑問がわきあがってくるだろう。

そのための材料として、私は「新聞」をすすめている。今はインターネットでいろいろ読める。私は「新聞は読み比べるに限る」と思っている。

全国紙なら読売・産経と、朝日・毎日・東京で明らかにスタンスが違う。さらに日経、地方紙がある。考え方がわかれたりする記事を読み比べてみると、あっちの新聞ではAといい、こっちの新聞ではBと主張していて、その違いがおもしろいのだ。

これが一紙だけだと、読売新聞しか読んでいない人は、たとえば集団的自衛権は必要だという情報しか入ってこないので、その考え方に染まってしまう。一方、朝日新聞は集団的自衛権は反対というスタンスだから、読者も自然とそちらに傾きがちだ。

でも世の中にはひとつの考えだけでなく、別の考えや立場や見方がある。だから、それぞれ立場が違うものを二種類以上見て、自分であれこれ比べながら判断するのだ。

最近はネットニュースを読んでいるという人も多いかもしれないが、ひとつのネット記事だけでなく、いくつかの媒体や書き手の意見を積極的に読み比べてみてほしい。

もし自宅で新聞が二つも取れないときであっても、「読者の広場」のようなところに目を通して、**あえて自分と違う考えの記事を読んでみる**のがいい。とかく人は自分と同じ考えの人を見つけてきては、「そうだ、そうだ」と安心したり、自分の考えを補強したり、自分の正当性を再確認したがるものである。

そのほうが速く読めるし、心が落ち着いて穏やかになる。反対に、別の立場や視点の人のものを選んで読んでみると、イラついたり、頭に来たり、疑問がわいたりしてきて、心がざわざわしてしまう。

それはいやだと思うかもしれないが、そのざわつきが「考える練習」では必要となる。**「心がざわつくこと」が、考えることを始めるきっかけになる**からだ。

言い換えれば、居心地のよいところだけにいようとしていては、「考える練習」をしていることにならない。もし本当に「考える」なら、あえて居心地の悪いところに自分の身を置いて、心をざわつかせるべきだ。

いつもそれをやっていると疲れてしまうという人は、新聞を読むときぐらいは、自分と意見が違う人の文章をちょっと見てみる、ということを毎日の軽い習慣にすることから始めるといいだろう。

そして、「なぜこの人はこんなふうに考えるのだろう」「この人にはいったい何があったのだろう」「なぜこんな言い方をするのだろう」といろいろなことを考えてみる。

自分がもう納得していて、理解している事柄に「なぜ」はわいてきにくいが、違う立場や考え方にふれるからこそ、「なぜそうなのか」「なぜそう考えるのか」と考えが刺激される。

自分が経験したり、今までの認識の中で説明できたりしたことを超えて、新しい考えにふれられるから、考え方の幅も広がり、深く考えられるようになる。

「関係性」に注目する横展開

物事を考えるときは、「関連性」や「関係性」に注目すると、考えるとっかかりを見つけやすい。

世の中にあるものは、すべてそれひとつでは存在していない。物事も出来事も制度も人間も、必ず何かの関係性の中に存在している。

関係性に注目するのも、考えられるようになるひとつの訓練である。

私は鉄道が好きで、いわゆる鉄道オタクである。その鉄道を例にとっても、それだけが単体であるものではない。その鉄道は、誰がつくったのか。どの時代のものか。どこの国のものか。何かの必然があった鉄道だし、とくに鉄道は莫大なお金と最先端技術が必要なので、国や軍隊と密接に結びついたものだった。そこから見えてくるものがたくさんある。

たとえば、日本の鉄道は明治時代、イギリスから輸入したので、いまだに一〇六〇ミリの狭いレール幅になっている。世界標準は一四三五ミリだが、イギリスは当時の日本に植民地仕様の狭いレールの鉄道を導入したため、日本では新幹線をのぞくと、狭いレールのまま列車が走っている。

レール幅が狭いと、機関車は小型ですみ、カーブなども小回りがよいかわりに、大きな機関車がつくれない分、パワーも輸送量も限られる。日本ではレール幅を広げようという議論がずいぶんなされたのだが、もうすでにかなり敷いてしまった線路をもう一度敷き直すのはお金がかかる。そのため、レールを広げる話は頓挫してしまった。

その後、大正時代に入り、ときの政府は狭いレールを広げるのではなく、広い幅のレールを別につくって解決をはかろうとした。広い幅のトンネルもちゃんと掘って準備を進めていたら、太平洋戦争に突入してしまって、工事は中断し、同じ列車でヨーロッパまで行くという計画はそのままになってしまった。

新幹線はその線路とトンネルを利用している。だから新幹線はあれだけの短期間で工期を終え、走れるようになった。

たんなる「鉄道」という切り口でも、関係性、関連性に注目するだけで、ヨーロッパとのつながり、外交との関係、戦争や国家財政など、どんどん思考と知識が広がっていくのが、おもしろい。

あなたにも、好きなものがあると思う。**その好きなものの歴史や時代背景など、関連するものをとことん探っていく。**「あ、おもしろい」「すごい」という感想で終わってしまうのではなく、その背景にある歴史や政治など物事の関係性に思考を広げる習慣をつけると、「考える練習」になる。

関係性に注目するのは、考える能力を育てるすばらしい行為である。

とことん「深掘り」する縦展開

関係性に注目して横に広げていくのが**「横展開」**の方法だとすると、ひとつの対象だけをマニアックに「深掘り」していくやり方もある。これは「横展開」に対して、**「縦展開」**といえる。

先日、こんなことがあった。私は、秘書の人に昼食のサンドイッチを買ってきてもらった。彼は気を利かして、サラダも買ってきてくれた。そのサラダの名前が「摂取サラダ鉄」というものだった。

鉄道オタクの私としては「鉄」の文字に敏感に反応して飛びついてしまった。おもしろい名前をつけるなと思い、そこから「摂取サラダ鉄」の深掘りが始まってしまったのだ。

まず「摂取サラダ鉄」というからには、鉄分がとれるサラダなのだろうと思い、パッケージを目を皿のようにして見てみたが、鉄分の量は書かれていない。

ただ、カロリー数は二二四キロカロリーと記されていて、一日に必要な野菜の三分の一は摂取できると書いてある。だから「摂取サラダ」というネーミングなのだろうと理解できたが、やはり鉄分の量がわからないので、本当にこれで鉄分がとれるのかが気になった。

そこでホームページでこの商品を検索してみたのだ。するとちゃんと「摂取サラダ鉄」がのっていた。ただもう一種類「摂取サラダ」があってそれは「摂取サラダ食物繊維」だった。

すると、私の好奇心がまたむくむくと頭をもたげてしまった。鉄と食物繊維があるなら、ビタミンCやカルシウムなどの商品があってもいいだろう。そう思って、ホームページをくまなく探したのだが、「摂取サラダ」はなぜか鉄と食物繊維だけだった。

そこでまたなぜだろうと考えてしまった。おそらく鉄と食物繊維は、女性の悩みに多い貧血や便秘を解消するものなのだろう。きっと女性が求めているのは、鉄と食物繊維だと会社がリサーチしたのかもしれない。

では私が食べた「摂取サラダ鉄」に本当に鉄分が多く含まれているのだろうか。ホームページでさらに調べてみると、商品のパッケージには鉄分の量が表示されていなかったが、ネットにはちゃんと鉄分の量が表示されていた。

なぜ商品にはなくて、ホームページにはあるのか。なぜだろうとまた考えてみた。おそらくそもそも必要とされる鉄分の量が野菜などから比べるとごく微量なのではないだろうか。だから、商品のパッケージには書かなかったというのが私の推測だ。

そんなふうにサラダひとつで延々と「深掘り」してしまった。むだといえばむだな時間かもしれないが、「考える」という意味ではさんざんトレーニングができた。

目の前の小さなことに興味をもち、どれくらい深めて考えられるか。一見、自分には関係ないような物事から、どれくらいの事柄を推測することができるか。

いずれにしても関係性、関連性に注目して横に広げるのか、縦に掘り進むのか、両方やるのか、5W1H（いつどこで誰が何をなぜどうする）のような感じで、横展開、縦展開で考えていくのが「考える練習」になる。

「共通点」と「相違点」を見つける

関係性、関連性を考えるとき、漠然と「関係性を考えよう」と思っても、考えが前に進まないことがある。そんなとき、「関係性の種類を洗い出す」と、考えるきっかけになりやすい。

つまり「考える」とは、「相互の関係性の種類を見つけ出すこと」だといっても言い過ぎではないと思う。

関係性には、「大・小」や「含む・含まれない」「正・反・合」「原因・結果」などさまざまな種類がある。

そして、それらを見つける一番効果的な方法が「比べる」である。

「比べる」とは、「共通点」と「相違点」を見つけ出すことだ。対象を比較して、共通する点、相違する点を見つけていく。「分析する」という言い方をすることもある。

これは私の勝手な定義だが、「分析とは、共通点と相違点を見つけて類型化することと」だと思っている。

ある概念とある概念、あるいはある事象とある事象の共通点はどこで、相違点は何かを見つけようとする営みは、「考える」ことそのものだといってもいい。

法律の世界なら、この判例とあの判例はどこが同じでどこが違うのかとか、この事件とあの事件はどこが同じでどこが違うのか考えることだ。政治の世界でいえば、尖閣諸島の問題と竹島の問題はどこが同じでどこが違うのか、北朝鮮の脅威と中国の脅威はどこが同じでどこが違うのか考えること。ビジネスなら、この商品とあの商品はどこが同じでどこが違うのか、前回の契約と今回の契約はどこが同じでどこが違うのか考えることである。

そうやって比較する作業が、考えを深めて、「考える力」をつけるひじょうに効果的な技法だと思う。

「二項対立」するものを比較する

さらにもっと「考える練習」を深めたいなら、比較する対象は「二項対立」しているもの、つまり「正反対」のものがいい。自分と違う立場、正反対の意見と比較して、共通点、相違点を整理していくのだ。

あえて対立する考えにふれて、心をざわつかせる。先に紹介したあの方法である。

ただここで注意したいのは、比較がたんなるリサーチで終わってしまってはいけないということである。AとBを比較して、この点は同じでこの点は違います、とただ並べただけではリサーチャーと変わらない。「考える」のであれば、そこから一歩先に進んで、自分なりの答えを出さなければいけない。

たとえばAとB、二項対立するものを比較したとする。Aはプラスのベクトルで、Bはマイナスのベクトルだとすると、どういうものがプラスのベクトルとして働いていて、どういうものがマイナスのベクトルとして働いているのか整理して、自分なりの答えを出す。

これはAかBかの選択ということではない。二項対立を基本にして、第三、第四の可能性をも見つけ出そうとするのだ。

ごく身近な例でいえば、たとえばお昼にラーメンを食べたいAという人と食べたくないBという人がいる。食べたいAと食べたくないBを自分の中で「二項対立」させてみる。そして食べるプラスの要素は何か、食べないマイナスの要素は何か、両方を比較して自分なりの結論を出してみるのだ。

結論は「ラーメンを食べる」でもいいし「ラーメンを食べない」でもいい。あるいは昼食自体を食べても食べなくてもいい。AにもBにも角がたつので、「私は今日は昼は抜きます」でもいいし、「蕎麦にしませんか」と別の提案をするのもありだろう。

とにかく対象を比較して、相違点と共通点を見いだし、それをもとにして自分なりの答えをつくり出す。それが考える技術であり、自分で「考える」ということだ。

わざと「極端な言い方」をしてみる

自分の考えがいまひとつはっきりしなかったり、その答えでいいのかどうかわからなかったりするときは、荒療治の方法がある。それは、「自分の考えを極端なまでに徹底させる」というものだ。あえて極端まで突っ走ると、はっきりしなかった「本質」が見えてくることがあるのだ。

私が最近、あえて「立憲主義」という言葉を使っているのも、その一例である。

立憲主義とはきわめて多義的な言葉で、学問的にいうと定義が難しいのだが、私は「要するに憲法で国を縛ることだ」と極論で言い切っている。すると、現代は国王はいないのだから、憲法で縛られるのは誰かという疑問が生まれ、つまり憲法は国民が国を縛るための法、という本質が見えてくる。

伊藤塾では、司法試験においても、「合格なんか考えるな、合格後を考えろ」と指導している。合格するために塾で勉強しているのに、「合格なんか考えるな」と言われると、塾生は「あれっ？」と思う。なぜそんな言い方をするのかと考えるきっかけになるだろう。

「憲法は法律ではありません。だから国民には憲法を守る義務なんかありません」と言えば、国民も「あれっ？」と思うはずだ。なぜそんなことを言うのだろうと疑問に思ったり、関心を持ったりするので、「憲法を守る義務があるのは、国民ではなく国である」という本質に到達しやすくなる。

「あれっ？」と思うほどの極端な意見にふれることが「考える練習」の入り口になる。

自分で考えるときも、よけいなものをそぎとって、何か本質をいいあらわす言葉を考えて、あえて極端に言ってみるのもいい。

そのためにおすすめしたいのは、**「キャッチコピーを考えること」**だ。

キャッチコピーを考えるには、本質がわかっていなければならない。本質を可視化する、言語化するということがコピーを考えることだから、コピーを考えるのは本質に近づく行為そのものである。

ああでもない、こうでもない、と言葉を探していく過程が、本質に迫る過程でもあり、「考える練習」の筋トレでもある。そしてその本質が何かをはっきりさせるには、極端に走るという荒療治の技術が効果的なことがあるのだ。

荒療治だから、筋トレでいえば、かなりきつい部類のものになる。だからこそとぎすまされた言葉を探すのは、頭の訓練になる。

「私は一五〇歳まで生きる」とか「国民には憲法を守る義務はない」とか、とにかく極端な言い方をしてみよう。そして、その自分の言葉に「本当かな」ともう一人の自分が疑問を投げかけ、自分の中で議論、討論しながら、考えを深めていく。その過程で考えが深まっていき、考える力が鍛えられていくのである。

「具体」と「抽象」をくり返す

「考える練習」の方法として、「具体的なものを抽象化する方法」がある。

たとえば、**ある具体的な失敗があったとする。そこから、抽象的なルールや教訓を見いだしていくのだ。**

身近な例を出そう。私は先日、顔が赤くなってヒリヒリするほど日焼けをしてしまった。なぜならその日、私は屋外で朝早くから講演をしたからだ。壇上に立ったとき、太陽に向かって話すことになるなと気づいて、「日焼け止めを持ってくればよかった」と思ったのだが、もう遅かった。

スタッフが気を利かせて、おしぼりや水は壇上に用意してくれていた。だが日焼け止めはない。「まさか日焼け止めを持っている人はいないよな。用意してくればよかった」と心の中でつぶやきながら、太陽に照らされて午前の講演は終了した。

そして休憩に入ったときだった。スタッフの一人が「午後は暑くなりますから、もし日焼け止めが必要でしたら、おっしゃってください。用意してありますから」と言ってくれたのだ。

なあんだ、用意してあったのなら借りればよかった。あとの祭りである。

私はだれも用意などしてくれていないと思い込んで、彼に日焼け止めが欲しいとは言わなかった。彼も午前中はそれほど日が強くないので、必要ないと思っていたのだろう。そして私はまさか彼が持ってきてくれているとは思わなかった。勝手な思い込みが、いくつも重なって、せっかくの日焼け止めが役に立たなかったのである。

そこで得た教訓はいくつかある。来年はちゃんと日焼け止めを持って行こうというのもひとつだし、勝手な思い込みで判断せずに必ず相手に確認したほうがいいというのもひとつだ。さらに、相手によかれと思ってやったことでも、きちんと意思疎通ができていなかったら、意味がないということ。相手に伝わったことが伝えたことであって、相手に届かなかったら自分が伝えたつもりでも伝えたことにはならないこと。

たかが日焼け止めかもしれないが、この小さくて具体的な失敗から、抽象化した学びやルールをいくつも得ることができた。

私はこれも「考える練習」のひとつだと思っている。**「具体的」な経験から「抽象的」な法則やルールが抽出できないと、同じ失敗をくり返すことになる。**だから、「具体的」な経験をたんなる経験で終わらせないで、必ず「抽象化」するクセをつけるほうがいい。

同じことが逆方向にもいえる。ルールを「具体的」なものにあてはめていく作業である。

たとえば、「報《ほう》・連《れん》・相《そう》」が重要だといわれたとき、自分の具体的な行動で、これは電話で確認だとか、これは一度相談しようとか、抽象的なルールをきちんと具体化して行動につなげていくのは「考える練習」だ。

考える力が弱い人には、抽象化が苦手だという人が多い。具体的な出来事は「あれもあります」「これもあります」とたくさんあげられるのに、「だから何なのだ」という結論が言えない。リサーチは得意だが、そこから自分の見方や意見や考えや答えをつくり出すのが苦手なのだ。

そういう人は、**まず「共通点」と「相違点」に注目して、「共通点」の概念を広げていく**といい。共通点と相違点を見つけ出すのが分析だと言ったが、いろいろな共通点を集めていって、それを統合し、より大きな共通点で抽象化していく。

それは「統合する」というイメージだ。

たとえば、男と女の共通点は何だろうと考えると、「人間」である。では人間と動物や植物はどこが共通するのだろう。「生物」だ。では「生きる」とは「命」とはと考えていく。そんなふうに、共通点の概念が大きくなればなるほど抽象化されていくと思えばいい。

自分はどうも物事を抽象化するのが苦手だと思ったら、共通点と相違点に注目して、「違うところもあるけれど、同じところもあるよね」と見かけの違い、事実としての違いを超えた共通点が何かないかと探していく。

そして、より大きな共通点にまとめあげていくのである。それこそがまさに抽象化の技術であり、「考える練習」をすることになるのである。

「なぜ？」「なぜ？」「なぜ？」と三回問う

一生懸命考えても、どうにも考えが深まらないときや、浅い考えに終始してしまうときに、おすすめの方法がある。それは、「なぜ」を三回くり返す方法だ。コンサルタント会社では「なぜ」を五回くり返して掘り下げろ、というところもあるらしい。

なぜ、そういうことが起きたのか。「なぜなんだ」「なぜなんだ」「なぜなんだ」と、三回くらい「なぜ」を問い続けてみよう。いやでも考えが深まってくる。

たとえば、日本では人を殺すと処罰される。ではなぜ人を殺すと処罰されるのか。いろいろな答えがあるだろう。「法律で決まっているから」と答えたとする。なぜそれが法律で決まっているのか、「なぜ」と問うてみる。あるいは「人を殺すのは悪いことだからです」と答えたとする。なぜそれが悪いことなのか、もう一度「なぜ」と掘り下げてみる。

「悪い」とひとくちに言っても、いろいろな説明のしかたが出てくるだろう。「人が大切にしている命を奪ってしまうのは悪いことだから」という答えが出てきたら、さらにもう一度「なぜ」と言ってみる。

たしかに人が大切にしているものを奪うのは悪いことかもしれない。ではピストルで人をバンと撃ったとする。相手は死んでしまった。人の命を奪ったのだから、悪いといえる。ではピストルで撃ったけれどはずれた場合はどうなるのだろう。

これは殺人未遂といって、日本では犯罪として処罰される。しかも日本の刑法では殺人未遂と殺人は同じ刑罰でよしとされている。殺人既遂と殺人未遂という言い方をするのだが、殺人既遂罪を犯した者に対する刑罰も、殺人未遂罪を犯した者に対する刑罰も、ともに同じ重さの刑罰でかまわない。

だがそこで「なぜ」である。殺人未遂は人が死んでいない。弾がはずれているのだから、人の命を奪っていない。もし大切なものを奪ったから、悪いことなので、処罰されるのだ、ということになると、殺人未遂は命を奪っていないので、悪くないという話になって、この理屈は少しおかしいと気がつく。

では最初に戻って、「悪い」とはなんだろうと考える。弾ははずれたが、ひょっとしたら当たっていたかもしれないので、危険である。ピストルを撃った時点で死ぬ可能性があったのだから、危険性があったということだ。人の命を奪う危険性があったのだから、やはり悪いことだといえる。

ではもう一度考える。ピストルを撃ったけれど、弾が出なかった場合はどうか。ピストルの手入れが悪くて不発だったのか、弾を入れ忘れていたのか、そもそもピストルがモデルガンだったのか、おもちゃのピストルで弾の代わりに旗が出てきてしまったのか。どこまでが悪くて、どこまでが悪くないのだろう。どうやって「悪い」を判断するのだろう。

さらに考える。弾が入っていなければ、自然科学的に見ても、絶対人を殺せないのだから、危険性はない。この場合は悪いとはいえないのではないか。

ならば、弾が入ったピストルで撃ったとき、ピストルが不良品で弾がまっすぐ飛ばなかったり、たまたま風が吹いて弾道がずれて当たらなかったりすると、その人はそのピストルで引き金を引いても、自然科学的に絶対人を殺せない状態だったのだから、その人は悪くない、処罰しなくていいと言われると、ちょっとおかしい気がする。

弾がはずれたのと、弾を入れ忘れたのとでは、どこが同じでどこが違うのだろうか、と共通点と相違点を探していく。

「なぜ」「なぜ」「なぜ」と三回くらい掘り下げて精度をあげていくと本質に近づき、考えが深まるのである。

じつはこれは、「悩んだとき」にもおすすめの方法だ。

たとえば、人生に不安を感じているとする。「なぜ」不安なのか？　司法試験に落ちるかもしれないから。「なぜ」試験に落ちると不安なのか？　浪人できないから。親の悲しむ顔が見たくないから。「なぜ」浪人できないのか？　「なぜ」親の悲しむ顔が見たくないのか？　そう考えていくと、案外、不安の種は小さいことだったりする。

そのためにもふだんから「なぜ」と考えるクセをつけておくのはおすすめである。

私は、「なぜなら」を頭の中で口癖にしている。**自分が何か言ったあとに必ず「なぜなら」と頭の中で自分に向かって言ってみる**のだ。

発言の最後には「なぜなら」がもれなくついてくるように、クセをつけてしまう。

ちょうど朝起きたら、自動的に歯を磨くのと同じである。そうすれば、知らず知らずのうちに、「考える練習」ができている。

子どもの「純粋な疑問」を見つめる

「なぜ」の達人といえば、子どもたちだ。

子どもは全身が「なぜ」でできている。「なぜ空は青いの」「なぜ川の水は流れているの」「なぜ太陽はあっちから出て、こっちに沈むの」「なぜ曇りの日があったり、晴れの日があったりするの」……。

私自身をふり返ってみても、子ども時代は「なぜ」のオンパレードだったように思う。「なぜこんなに昼寝をするんだろう」「なぜこんなにおせっかいなんだろう」「なぜあんなに太っているんだろう」など、「なぜ」だらけの中で暮らしていたので、自然と「なぜ」と思うことが習慣になっていったのかもしれない。

とにかく子どもは「なぜ」の塊だが、大人からすればうっとうしいときもあるだろう。そして子どもを適当にあしらったり、うるさがったり、ときには怒ったりしているうちに、子どもは考えなくていいのだと思うようになってしまう。せっかく「考える」芽が芽生えたのに、残念なことである。

「考える練習」をするためにも、大人は子どもが持つ純粋な疑問、素朴な「なぜ」を大切にしてやらなければいけない。

子どもの「なぜ」を尊重してやると、子どもは素朴な疑問を自分で封じ込めたり、わかったふりをしたりしなくてもすむので、「なぜ」を問い続ける大人になる。つまり、知的正直さ、知的貪欲さにあふれた大人になれるのである。

ギリシャの哲学者ソクラテスは「なぜ」「なぜ」と問い続けた人である。『ソクラテスの弁明』は私の愛読書である。

ソクラテスの哲学はひたすら「なぜ」と問い続けるものだった。相手は「なぜ」「なぜ」と問い詰められるうちに、結局答えられなくなって、自分がわかっていない、ということに気づくのである。

その結果、怒ってしまう相手もいたのだが、じつは**「わかっていないということがわかる」**のは、「考える練習」の前提としてすばらしく大切なことだ。

「わかっていないことをわかる」という知的正直さと、「わからないことを知りたい」という知的貪欲さは、いずれも「考える練習」の上で大きな推進力になる。

その意味で、子どもの「なぜ」は宝物だ。子どもに「なぜ」と聞かれたら、一緒になって考えてみよう。それが大人自身の「考える練習」にもなるはずだ。

偉大な哲学者ソクラテスは「なぜ」の達人だった。だから深く考えることができた。素朴な「なぜ」を大切にし、大人になっても恥ずかしがらずに「なぜ」が連呼できる人になろう。それが「考える練習」の一番の王道である。

第 2 章

「日常生活」の中で鍛える練習

どうして「これ」に決めたのか？

「考える」というと、机の前に座ってうーんと頭を抱えたり、眉間にしわを寄せて思索にふけったりするなど、何か頭のいい人がやる〝お勉強〟的なイメージがつきまとう。だが、「考える」とはもっと身近で、日常的なものである。

スポーツや趣味、音楽、本など自分が好きな世界があれば、そこを核として何かと比較したり、横展開したり、縦展開したりして、さまざまな関係性に関心を広げると、考えが深まるだろう。そういうことをふだんからやっておくと、「考える練習」となるはずだ。

日常生活には、「考える練習」の機会がたくさんころがっている。

たとえば、料理も、ものすごく頭を使って考えることのひとつだ。冷蔵庫の食材を眺めて、そこにあるものでつくれるものは何かとか、無駄を出さないようにするにはどうしたらいいかとか、あのレシピをこれに応用するにはどうしたらいいかとか、考えることは山ほどある。

掃除もそうだろう。どういう手順でやれば効率よく進められるのか、どんな収納にしたら整理整頓ができるのか、何を捨てて何を残せばいいのか、無意識のうちにも考えているはずである。

何も「考える練習」をしなければと構える必要はないのだ。ふだんの生活でいくらでも考えることは可能だし、考えるきっかけはあるし、考える力を鍛える機会もたくさんある。

そもそも**人間は行動するとき、必ず何かを選択している**はずだ。その選択のつど、ちょっとだけ意識的に考えるクセをつけるだけでいい。なぜ自分がこういう行動をとるのか、なぜこっちの店にしたのか、理由を自分に問いかけて、自分で答えてみる。

行動を選択する機会は数えきれないほどあるので、気づいたときにそのつどちょっとだけ考える習慣にしておけば、「考える練習」はおそろしく重ねられるはずだ。ひとつひとつの「考える作業」は小さくても、その積み重ねが大きな差になる。

運動と同じだ。ふだんからこまめに体を動かしたり、階段を昇ったりするだけでも、長年続けていけば、続けなかった人よりはるかに筋肉が鍛えられるのと同じである。

今日からでもすぐ始めたいのは、**「昼食に何を食べるか」、その「理由」を考えること**である。なぜラーメンではなく、和食の店を選んだのか。店を直感で決めるのもいいが、なぜ自分が和食に行くのか、あえて理由を考えてみるのだ。

昨日はラーメンだったから、今日は和食がいいと思ったのか、今日の夜は中華だから、お昼は和食にしておこうとしたのか、友だちに和食の店を紹介されたから行ってみようと思ったのか、その「理由」を考えて、「自分の行動を説明するクセ」をつけておくと、「考える練習」につながる。

打ち上げでいい店を見つけたからそこに行こう、というときに、なぜそこがいい店なのか、みんなで理由をあげていくのをゲーム形式でやっていくのもいいだろう。おいしい、コストパフォーマンスが高い、駅に近い、話題性があるなど、「理由」を考えていく過程で、考える力は鍛えられる。

私はふだんから考えることがクセになってしまっているので、なんとなくテレビ番組を見ているときですら、つい番組のことをいろいろと考えてしまう。バラエティ番組もじっと見入ってしまうので、「よくそういう番組をずっと見ていられるわね」とあきれられてしまうことがあるほどだ。

なぜこの人はこんなことを言うのだろう。この番組をつくった人はどういう意図でつくったのだろう。どんな人がこの番組を見るのだろう。これをつくるのにどれくらい時間がかかっているのだろう。笑いのタイミングはディレクターか誰かが指示しているのだろうか……など考え始めると止まらない。こういう性分なのである。ここまでくると、もはや「考える」ことは息を吸うのと同じくらいあたり前のことになっている。

このように日常生活は「考える練習」の絶好のトレーニング場なのである。

目にした「ささいなもの」に関心を持つ

ふだんから「考える練習」をするためには、何事にも「好奇心」を持つことも大事である。好奇心とは、自分が知らないことや不思議に思うことに興味を持ち、知りたいと思う気持ちのことである。

「考える力」がある人は、おしなべて好奇心が強いのではないだろうか。

「どうして」「なぜ」と思ったことには、関心を持たずにはいられない。そこからいやが上にも考えが広がっていくのだから、「考える練習」をするつもりならば、日頃から子どものように好奇心を解き放っておくのがいいだろう。

私は先日、用事があって銀行に行った。その日はやけに混んでいて、思いのほか長時間待たされることになった。もし待たされるとわかっていれば、本か原稿を持っていって、待ち時間の間、有意義に時間をすごしただろう。

だがあいにくその日は何も持ちあわせがなかった。でも結果的に私は十分楽しんで待ち時間を使い切ってしまった。なぜなら考えることがたくさんあったからだ。

最初に銀行の受付の人たちの動きを観察した。この中でボスは誰か推測したり、もっとこうすれば効率的になるのに、と銀行の窓口業務の段取りを考えたりした。そしてひとしきり考えたあと、ソファーのわきにおいてある雑誌を見て、どうしてこの銀行はこの雑誌を選んだのだろうかと考えた。

それから自分が座っているソファーのひじの角度を見て、なぜこのカーブにしたのだろうかと考えたり、これは椅子のデザイナーが考えたのだろうかと考えたり、この生地の素材は何か考えたり、あれやこれやと考えているうちにあっという間に時間がたってしまったのだ。たぶんあと一時間や二時間待たされても、平気で飽きずに考え続けていられたと思う。

恥ずかしながら、私はけっこう落ち着きがないほうなのである。

電車に乗っているときも、最近は仕事の書類を見たり、パソコンで作業をしたりしていることも多いのだが、何も作業をしていないときでも、ただぼうっとしていることはまずない。四六時中そんな様子だと疲れるでしょうと言われることもあるが、慣れてしまったので特段疲れることもない。

中吊り広告を眺めては、記事の内容にあれこれ思いをめぐらせたり、同じ車両の乗客を観察しては、この人はどんな人生を送っているのか一生懸命考えたり。若い頃から喫茶店で街行く人の人生を想像するのが好きだった。

そうやって、どんなことでも自分の興味や関心の対象にしてしまうと、思いがけぬメリットも生まれる。ひとつは言うまでもないが、「考える練習」ができることだ。これだけいつも考えていれば、考える筋力が養われて当然だ。

さらにもうひとつのメリットは、ふつうの人が見すごしてしまうような小さなことにも気づけるようになることだ。人から「よくそんなことに気づきましたね」とか「着眼点が違っておもしろいです」と言っていただくことがあるが、それはふだんからどんなことにでも関心を持ち、考えているからだろう。

子どもが地面にしゃがみこんで、飽きもせずに蟻の行列をながめるように、どんな小さなことにでも関心を持ってしまう。そこから、人が気づかないような独創的な見方や考え方が生まれることもある。

ふだん生活していれば、ちょっとあいた時間や待ち時間は、探せばたくさんある。そんなとき何も考えずに、ぼうっとしてすごすのももちろんいいが、ときにはささいなことにも関心を持ち、いろいろ考えをめぐらせてみるのも、きっとおもしろい時間になることだろう。

理由を「必ず三つ」考えておく

もし、**子どもが何か買ってほしいと言ったときは、「必ず理由を三つ言うように」**と言って教育するとよい。理由を三つ言って、父親なり母親なり祖父母なりを説得できたら買ってあげる、と言い続けるのだ。

たとえばゲームを買ってほしいとする。子どもは「ゲームは必要だから」とまずは必要性のところから親を説得する。

さらに「そんなに高くないよ。だから買えるでしょ」と許容性から攻めてくる。そして「なぜ買ってもらえないの？ 勉強時間が少なくなるからいけないっていうの？」と「ゲーム」と「勉強」を対立させ、「でもちゃんと一時間勉強するから」と、正反合の論理を展開し、相手を説得しようとするのだ。小さい頃からこういう教育をすると、もしかしたら、かなり口達者な子どもに育ってしまうかもしれないが、私はこれは大事なことだと思っている。

何が言いたいのかというと、ふだんの生活の中でも、**人を説得したり、自分の意見を主張したりするときは「理由を三つ考える習慣」をつけておく**といいということだ。

先ほど昼食に何を食べるのか、「理由」を考えることをすすめたが、もし人を説得して自分が行きたい店につれていきたいなら、伝える前に「理由を必ず三つ考えておく」といい。かなり説得力が増すのではないだろうか。

たとえば、夫が妻に小遣い値上げ交渉をするときも、まずはお小遣いをあげてもらわなくてはならない必要性を主張する。そしてそれは家計のやりくりによって十分可能ではないかという許容性を打ち出してみて、最後は小遣いが少ないために会社のつきあいがスムーズにいかないダメージと比較すれば、小遣いをあげるぐらい何でもない、というようなぐあいである。

会社の会議でも、企画を通したいときに、通す理由がひとつだけだと説得力が弱い。三つの角度から説得できれば、企画が通る確率はかなりアップするだろう。

こうして「理由を三つ考える習慣」を身につけると、説得の成功率はあがっていく。子どものゲームでも、昼食でも、小遣いでも、会議でも、日常のいたるところに「考える練習」の場はあふれている。

同じテーマの本、同じ著者の本を読み比べる

日常生活で「考える練習」をするとしたら、「本の読み比べ」もおすすめである。本を読んで自分なりの考えをまとめたり、読書録をつけたりするのもいいが、それだとたんなる感想にとどまってしまう可能性がある。

より考えを深めたいなら、同じテーマの本を読み比べたり、同じ著者の本を読み比べたりするといい。

あちらの本ではこう言っているのに、こちらではこう言っているのはどうしてだろうとか、こっちとあっちの共通点は何だろうとか、この人が一貫して主張しているのは何だろうと考えるのである。

とくに、**同じテーマで著者が違うものを読み比べてみる**のは、「考える練習」をする意味でひじょうに効果的だ。

学者であれば、両方とも同じ分野のことを同じようなアプローチで同じように研究してきたのに、まったく正反対の結論を引き出してくることがある。それはどうしてだろうとか、この人の背景にあるのは何だろうとか、結論に至るプロセスの違いは何だろうとか、考える材料はたくさんある。前述した「新聞の読み比べ」も、まさにこのような考える材料になる。

本や新聞だけでなく、映画やＤＶＤを見比べてみるのもおもしろい。同じ作品の映画化なのに、監督や俳優が違えば、描き方はまったく違ってくる。この監督はこの作品のどこに注目したのか、原作と映画の違いはどこか、二つの映画の共通点と相違点は何かなど、いくらでも考えることができる。

海外と日本の作品の比較もおもしろい。同じゴジラを描いても、日本のゴジラがずんぐりむっくりして、動きもゆっくりでどこか愛嬌があったのに、ハリウッドのゴジラはスリムで動きが速く、攻撃がより先鋭化されて恐怖心をあおっていたのは興味深かった。

私はこれを人との会話にも応用している。

二人の人が私の目の前にいて、私の話を聞いているときに、一方はうなずき、一方はうなずかなかったのはなぜか。二人一緒にうなずいたのはどんな話だったか。そんなふうに、うなずき方ひとつでも、考えることができる。

会話をしているときは、自分が話すことに夢中になるのではなく、相手をちょっと観察する余裕を持ち、反応の違いを比較して「なぜかな?」と考えるだけでも、かなり考える力は身につくのではないだろうか。

「仲のいい人」だけで周囲を固めない

私は日常生活の中で「違和感」をひじょうに大事にしている。

人は自分と同じだったり、自分で理解できたりするものの中にいると、居心地がよくて安心できる。しかし、それだとだらけてしまって、あえて考えようとはしなくなるからだ。前述の「心をざわつかせる方法」だ。

自分とまったく意見が違う人と対談したり、そういう場に同席しなければいけなくなったりすることがある。そのとき、何を言われるかわからないから行かないという選択もあるだろうが、私はあえて出ていくことにしている。

「反対する人たち」のど真ん中に出ていく。

そんなときは、さすがに緊張するし、下手をすると言い負かされて恥をかく可能性もあるので、事前準備も大変だが、それでも行く。そのためにいろいろなことを考えて準備したことは、必ず次につながると思うからだ。相手から学べることもたくさんある。

人とのつきあいでも同じだ。自分の周りを仲よしの人たちだけで固めてしまうと、心穏やかに平和にすごせるだろう。でも、それだと進歩がないと私は思っている。

自分と違うものとふれあうことで、いままでの自分の経験や認識の領域とちょっと違うものが出てくる。そのときに、「なぜだろう」「どうしてだろう」と考えるきっかけが生まれるのだ。

もちろん反対されたり、批判されたりして、頭に来ることもあるかもしれないが、前述したようにあえて「対立するもの」にふれ、心をざわつかせると、考える力がおおいに鍛えられるのである。

だから、できるだけ私は、年齢、性別、職業、出身地、国籍……など、いろいろな人とふれあうことを心がけている。ただそうはいっても、あまりにがんばりすぎて、会うだけで気が滅入るような人ばかりになるのは本末転倒なので気をつけてほしい。

人間は自分にとって異質なもの、異端なものが入り込んでくると、反応して防御したり、何らかの対処をしたりしようとする。体でいえば、侵入したウイルスをやっつけようと熱が出たり、せきが出たりするようなものだ。要するにエネルギーが出て、変化があらわれるのだ。

そういう変化、エネルギーが「考える練習」ということにおいても重要なのではないかと思っている。

意識して「いつもと違うこと」をする

ささいなことでも、ふだんと違う、ちょっとした「スペシャルなこと」をすると、違和感が生み出せる。

私は、ふだんはほとんどシャワーしか使わない。だから自分の家でゆったり湯船につかってお風呂に入ったり、どこか旅館に泊まって、温泉につかったりするときは、それがものすごく貴重でスペシャルな時間になる。

お昼ごはんも、ふだんは忙しいこともあって、たいていはコンビニのサンドイッチやカロリーメイトなどですませてしまう。そんなとき、たまたま秘書の人が買ってきてくれたサンドイッチに甘いフルーツサンドが入っていたり、デザートのケーキがついてきたりすると、うれしくなる。ささいなことだが、何か特別な日のような気がするのだ。

ましてや、仕事の都合で外食できたときなど、それがファーストフードの牛丼やハンバーガーでもうきうきしてしまう。

いつもと違う、ちょっとしたことをわざと入れてみると、「考える練習」になる。それがきっかけで想像が広がったり、新しい発想を思いついたりすることがある。マンネリの生活を送るのではなく、あえてちょっとした変化をつけて、メリハリをつける。それだけでいい。とにかくやってみてほしい。

そのために必要なのは、じつは「健康」だと思っている。

いうまでもないことだが、肉体的精神的に健康でなければ、考えるのはむずかしい。もちろん不健康なときや疲れているときに思考が広がる人もいるかもしれないが、ネガティブな方向に考えが広がってもあまり前に進まないだろう。

睡眠不足だと、頭も心も疲れてしまって、いい考えが浮かばないし、ネガティブな想像をしやすくなる。お腹がすいていれば、脳に糖分がきちんと供給できないから、ちゃんと考えることもできないだろう。

あたり前のことだが、きちんと食事をし、きちんと睡眠をとるのは、心身の健康と健全な考え方に欠かすことができないからだ。

現代人であれば、ストレスがないという人はいないと思うが、そのストレスを上手に気分転換で解消し、コントロールするストレスマネジメントが大事だ。そのためにも心身の健康はすべての基礎になる。やはり体が健康で、心もすこやかなほうが、より前向きで生産的な考えが浮かんでくるはずだ。

「考える練習」のために心身の健康が必要というのは、あたり前のようでいて、じつは大切なことだと私は思っている。

第3章

「論理的」に考える練習

「論理的に考える」とはどういうことか

法律は、論理的に考えてつくられている。だから、法律の世界の考え方は「論理的に考える練習」を行う上で参考にできるものが多い。

まず、そもそも「論理的」とはどういうことだろうか。

簡単に言うと、「AだからBです」というとき、「Aだから」というその「だから」の部分がどれだけ納得できるものなのか、が論理である。

AだからCやDではなく、なぜBなのか。選択肢がたくさんある中で、なぜBがもっとも合理的なのか、ほかではなぜダメなのか。それを考えるのが「論理的」である。「今日はお腹が減ったな。だからカレーを食べよう」と言ったとき、なぜ蕎麦ではなくカレーなのかを合理的に説明できれば、それは「論理的」ということになる。「カレーだからカレーなんだ」では論理にならない。

それを踏まえて、「論理的に考える」を私なりに定義してみると、論理的に考えるとは**「〝目的〟を持って、一定の〝結論〟を〝根拠〟とともに導くこと」**といえる。

だから、「目的」は必要だし、「結論」も明確にしなければならない。そして結論を明確にするためには、「根拠」が決定的に重要となる。

もっと平たく「論理的に考える」とは、**「根拠を持って説明できること」**と言い換えてもいい。

それは結局、「他者が理解できるように考える」ということだ。ひとりよがりではなく、他人が理解できるように考え、伝えることが、論理的に考えることの意義であるし、目的である。

一生懸命考えても、それが支離滅裂だったり、説明できなかったりして、他者に理解してもらえなかったら悲しい。せっかく考えるのであれば、ある程度論理的に考えることが大切だろう。そうすることで、考える過程が整理されて、検証しやすくなり、考えの間違いを正したり、より深化させたりしていく足がかりとなるのだ。

二元論的に「区別」してみる

よく、欧米人に比べて日本人は「論理的に考える」ことが苦手だと言われる。「空気を読む」とか「あうんの呼吸」、「腹のさぐりあい」という言葉にも象徴されるように、日本人は情や直感を大事にするということなのだろうか。

そもそも江戸時代まで日本には「論理」という概念がなかったようだ。明治時代になって「ロジック」という言葉が入ってきたが、日本にはこれに相当する言葉も概念もなかった。「自由」や「社会」や「権利」の概念がなかったのと同じである。

そこで「ロジック」の訳語として考えられたのが「論理」だった。だからロジカルシンキング、論理的に考えるという方法は西洋から輸入された概念である。

「ロジカルシンキング」とは何か。それは、**物事を「二元論的に区別」して考える発想**だ。

西洋というのは基本的にはキリスト教の影響を受けており、「神」と「人間」という二つの存在からスタートして、人間と動物、人間と自然、私とあなたというように、すべて二元論でわけて考えていく。

だから英語など西洋の言葉はみな主語を明確にして、自分と他者をはっきり区別するところからスタートする。それが私の専門でいえば、個の確立、個人の尊重という近代憲法、立憲主義につながっていくのである。

ところが、日本人の趣向なのかわからないが、日本では自分と他者を明確に区別することをあまりやらない。主語を使うときでも「私たち」「我々」というような形で自分を曖昧に埋没させようとするし、相手との違いを際立たせるよりは、相手と同じという同質性を強調して、つながっているという仲間意識を優先させようとする。

それは、「私とあなた」だけでなく、「人間と自然」の関わりにおいても同じである。日本では自然と人間は対立せず、人間は自然の一部だと考える。草や木や動物に命を感じて、同じ命として大切にする。そして山や岩や大木など自然の中に神を見いだし、自分の内なるものと一体化させようとする。

そういうすべてのものを抱きとめて、一体化させていこうという日本人だから、自分を際立たせるのではなく、自分を他者の間に埋没させて空気になじませてしまうことを好む。「空気を読む」という言葉があるが、まさに空気を読んで、全体の雰囲気をこわさないのが日本の文化である。

一説によると「私」という言葉は「わつくし」、つまり「我をつくす」に由来するらしい。我をつくすとはすべて捨てつくして、私自身はもうなくなっています、私は無です、という意味だという。だから「私」の語源は私は何者でもありませんという意味らしい。

それに対して、西洋には「エゴ」という言葉がある。「エゴ」とは自我という意味でギリシャ語の「エゴーゲ」からきているそうだ。「エゴーゲ」は「少なくとも私は」という意味で、一単語として使ったようだ。

おそらくソクラテスやプラトンが広場で議論をやりとりしていた時代は、「少なくとも私は」という「エゴーゲ」という言葉が飛び交っていたのではないだろうか。

相手と議論をして他者との違いを際立たせることによって、自分の存在意義を確認していく発想の西洋と、私はもう何もありませんから、あなたと同じですと共同体の和を保っていこうとする文化や言語体系の日本とでは根本的に違っている。

日本では「今日の月はきれいだね」という言い方で、私ではなく「月」を主役にするが、西洋では「私は今日の月をきれいな月として見た」というように「私」からスタートする。

それくらい文化や言語体系が異なっているのだから、二元論的にものを発想したり、主語を明確にして、自分と他者の違いを際立たせたりする論理的な考え方を日本人がするのは、もともとハンデがあるといえるのかもしれない。

だからこそ、日本人にとって、そのような思考は意識しないと身につかないと思うのだ。

「悩み」も論理的に解決できる

私がイメージする「論理的に考える」行為は、「相手」、または「自分自身」に物事を伝えるという「二つの場面」で必要とされる。つまり、ひとつは相手に何かを伝えるために論理的に考えることだし、もうひとつは、自分の中でより深く納得するために論理的に考えることである。

このうち、後者の「自分の中でより深く納得する」というのは、どういうものか。それはたとえば、自分はこれからどうしたらいいのかという不安に対して、それを解決するために考えるというような場合が想定される。

「就職先を決めるのにどうしたらいいのか」「司法試験勉強を続けるべきか、やめるべきか」「この会社をやめるべきか、残ったほうがいいか」など、「自分の中の悩み」を解決するために論理的に考える、という行為があるのだ。

いずれにしても目的は、問題や課題の解決である。

「論理的に考える」とは「目的を持って、一定の結論を根拠とともに導くこと」と定義したが、それは何らかの課題に対しての結論を、根拠を持って導くという、頭の使い方そのものであると言い換えられる。

たとえば、説得したいがために論理的に考えるのだとしたら、説得したいという課題（目的）が明確にあるわけだ。すると、まずはじめに重要なことは、その**課題を明確にすること**である。

何を伝えたいのか、何をしたいのか。伝えたいこと、したいことがなければそもそも論理的に考えようという発想に行かないだろう。

ある男女がいるとしよう。おたがいに理解しあっていて、「好き、好き」と言いあっている恋人の間では、論理は必要ない。なぜ私があなたのことをこんなに好きなのかということを論理的に根拠づける必要はないはずだ。感情やフィーリングで十分伝わっていて、理解できてしまっているから、わざわざ論理を持ってくる必要性はない。

ところが、二人の間で意見が食い違ったときは、恋人同士や夫婦であっても、論理が必要になる。

たとえば、妻は仕事がしたい、しかし夫は妻が家から出ることに反対だ。そこは感情やフィーリングでは伝わらない。「俺はこんなに君のことを思っているのに、なんでわからないんだ」と感情をぶつけても、伝わらないのである。

そういうときはある程度の論理を使い、相手が理解できる共通の概念や言葉などを示しながら、説得することになる。そうしないで頭ごなしに否定しても、まったく理解されないだけでなく、しこりが残ってしまうだろう。

「論理的」の反対は「感情的」だ。

もちろん感情でも伝わることはいくらでもあるから、それでいい場面もある。だから論理的に考えていい場面と、感情や受容を大切にする場面は、ときと場合によって区別をしなくてはいけない。

いずれにしても、課題（目的、テーマ、主題など言い方はいろいろだが）が明確でないと、論理的に考える作業は意味がないし、必要性がないからできない。

だから論理的に考えるためには、何がしたいのか、何を伝えたいのか、その目的を明確にすることが必要である。

法律の世界では「問題提起」という言い方をするが、何が問題なのかをはっきりさせることが、論理的に考えることにおいて、最初に必要といえる。

「結論がわからないとき」どうすればいいか

何が課題（目的）なのか、問題提起をしたあとに重要なのは「結論」である。この結論が最初からわかっている場合もあれば、わかっていない場合もある。

何かを相手に説得したい場合は、結論はあらかじめわかっている。

たとえば、コンサルタントは最初から結論が見えている。プレゼンの場合も、「この企画を採用してください」とか、「この商品に決めてもらいたい」というように、結論が明確だ。一方、人生における課題、たとえば「転職したほうがいいかどうか」は、結論がわからない。

だから、論理的に考えようとするとき、**「結論が明確なのか、不明確なのか」**、どちらなのかをはっきりさせなければいけない。

結論が明確であれば、相手に理解してもらうことが目的なので、「根拠づけ」が何より重要になる。根拠づけとは理由づけということだから、相手が納得できるような理由を考えるのが、この場合の「論理的に考える」になる。

一方、結論がわからないときは、基本はその課題に対して現状を分析し、原因を見つけ出しながら、さまざまな可能性を探って考えてみる。

そしてそこから結論を導くときは、どこかで「決断」という作業が必要になる。するとその決断をするための物差しや判断基準が必要だし、その物差しに対してさまざまな事実をあてはめる検討が必要になる。

たとえば、「転職すべきかどうか」というとき、まずは現状分析だ。

何のために自分は転職するのかを、考えてみる。もっと給料がほしいのか、もっと自分の時間がほしいのか、社会的な評価が高い仕事につきたいのか、もっと抽象的にやりがいや充実感を感じたいのか。とにかく何かの目的があって転職したいと思うわけだ。

すると、その「目的」が「物差し」になる。

「給料がもっとほしい」のが目的なら、それが物差しだから、この会社とあの会社ではどちらが給料が高いのか物差しをあてはめて分析してみればいい。通常、物差しは複数あると思うから、いろいろあてはめてみて、これはプラスだが、これはマイナスだというような事実の評価をしていくのだ。そして総合的に見て、一番プラスが高いもので決断するということになる。

相手と共有できる「物差し」を見つける

現状分析をし目的まで到達する過程が、自分で納得できなければ、結論とはならない。他人に説明するときも、その過程に相手が納得し、使った物差しを理解してくれないと、説得はできないだろう。

また別の例で考えてみよう。たとえば、転職について、夫は会社を変わりたいが、妻が反対したとする。

夫は、自分が結論まで導いてきた過程を理解してもらって、こういう物差しがいいよと納得してもらわなければならない。そしてこの会社に転職したらこういう結果になるだろうという事実をあてはめて、評価に共感してもらえれば、妻から「いいわね」と納得が得られる。

このプロセスは結論が決まっていないときだけでなく、もう結論が決まっていて、相手に説得する場合にも応用できる。あたかも結論がわからなくて自分で考えたときのような論理の流れをさかのぼって説明すればいいのだ。自分がたどったのと同じ思考のプロセスを逆算して相手にたどってもらうことで、より説得力は増すはずだ。

いずれにしても重要なのは、何が問題なのかという課題や目的と、どういう結論を導き出したいのか、その**根拠づけ**である。根拠づけは、理由づけと言ってもいい。

自分で考えるときは、自分で納得できる根拠、相手に説明するときは、相手も納得できる根拠にもとづいて説明できるかどうかが「論理的に考える」ということだ。

「論理的ではない」というのは、根拠づけをすっ飛ばして結論だけ言うから、なぜそうなったのか理由（根拠）がわからない状態を意味している。

もし相手から、「それはあなたが勝手にそう思うだけでしょ」「ひとりよがりでしょ」「意味がわからない」などと言われてしまうとしたら、それは根拠づけ、理由づけのところが伝わっていない、つまり共通の認識が持てていないことの、何よりの証拠である。

「論理的に考える」ために一番鍛えなければならないのは、まさしく相手と共有できる根拠づけ、理由づけを考える習慣だろう。

「結論」「根拠」「証拠」の三つを意識する

法律家の世界では、「結論」と「根拠」がもっとも重要になる。

なぜなら、**裁判では、有罪か無罪か、原告の勝ちか負けかのどちらかに結論を決め**

なければいけないからだ。さらにその結論を納得してもらうためには、根拠づけの部分が重要になる。結論と根拠を示すことが、法律には不可欠の要素である。

すこし余談になるが、大昔の法律では、有罪、無罪を、熱湯に一瞬手をつっこんで、火傷をしていなかったら無罪とか、亀の甲羅を焼いてひびがどんなふうに入るかで決めていたという。

今となっては信じられないかもしれないが、そのときの根拠はこうである。人間にはこの人物が有罪か無罪かはわからない。自分が見てもいない事件について、この人が犯人だとわかるわけはないという人間の限界があって、真実を知っているのはお天道さまだけ、神さまだけだから、神さまの考えを聞いてみようという発想だった。

亀の甲羅がこんな割れ方をしたら有罪だ、という共通の物差しがあれば、それが根拠となって、その共同体の中では「これが神さまのご意思だ」と納得できる。

だが当事者は納得できない。共同体の中にも納得できない人がいるかもしれない。その人たちにも「これは有罪です」と認めてもらうために、もっと説明する必要が出てきた。それが「証拠」である。

近代法は「証拠」に基づいて判断する点に大きな特徴がある。証拠に基づけば、神さまを信じない人たちも納得できる。証拠を示して、どうしてその結論が導かれたのかを、一定の根拠をつけて説明していけばいいのだ。

では「証拠」とは何だろう。犯罪事実でわかりやすく説明すると、その犯罪事実が残した痕跡のことである。犯人がナイフで被害者を刺したとすると、犯人が握ったナイフに指紋という痕跡が残る。そこで指紋採取して、何か月後かの法廷に持ち込んで、判断するわけだ。

あるいは現場に足跡が残っていれば、足跡という痕跡を型に取ったり、写真で撮影したりして、それを法廷に持ち込んで裁判官が判断をする。

「私が見ました」という目撃証人がいるなら、その証人の記憶が過去の事例の痕跡となる。それらの痕跡を時空を超えて裁判官の前に提示すると、裁判官は証拠に基づき、「この人が殺した」という過去の事実を推測して認定していくのだ。

だから、証拠に基づき判断するプロセスは、誰もが納得できる形で一定の結論を導こうというプロセスそのものである。

たとえば、ナイフを握らなければ指紋はつかない。だから彼が握ったのだと推論できるのは、因果関係の法則をみなが日常の経験の中で理解し、納得しているからだ。そうした物差しと根拠を積み重ねて、裁判は進んでいく。

その過程では、異なる物差しや根拠が示されることもある。たとえば握ったから指紋がつくのはその通りかもしれないが、彼は握っていないのに、ほかの誰かが彼の指紋をそこにつけた可能性もあるかもしれない。

あるいは握ったとして、それを使って刺したとは限らない。家でふだん使っていたナイフを犯人が持ち出して利用しただけかもしれない。

こんなふうに別の根拠や因果の法則を持ち出して、もっともな結論に反対する結論で説得する。それが裁判だから、まさに裁判の過程は論理的な説得の過程そのものといえよう。法律は、論理的に考える練習の連続だ。

私は日常生活でも、「その根拠って?」「結論は何?」と自問自答しており、この思考がしみついているようだ。だれかと話しているときも、おたがいが理解できる「物差し」を探しながら話している。こうすることで、考えるスピードが速くなり、決断も速くなり、自信をもって行動できるようになった。神頼みもときにはいいかもしれないが、論理的に考える練習をすることの効果は計りしれないと思っている。

「説明しないと伝わらない」が前提

ところで、「論理的に考える」のと似た言葉に「理論的に考える」がある。両者は似ているが、まったく別物だ。

「理論的に考える」ほうは、何か決まった「理論」があって、それにあてはめて考えていくことだ。

「論理的に考える」ほうは、目的を持って、根拠づけを行いながらみずから結論に導いていく過程のことをいう。「論理的に考える」ことにおいては、根拠づけが重要になる。なぜ重要なのかというと、「相手と自分は異なる存在」なのだという大前提があるからだ。

自分と他人は違うのだから、伝わらなくてあたり前。説明しないと、伝わらない。

そういう前提で考えたほうがいい。

だから、共通に理解しあえるところまで深く掘り下げて、伝えていくために「論理的に考える」ことが必要になってくるのだ。

結局、「論理的に考える」とは、**他者を尊重する**ということになる。相手の立場を尊重したり、相手の立場に立ったりするから、相手にもわかるように論理的に考えて説明しようと思うのである。

裁判や法律が論理的なものというイメージがあるのは、人はそれぞれ違っていて、対立することもあるので、論理的なものが必要になるからだ。

そう考えると、ディベートと「論理的に考える」のも少し違うことがわかる。ディベートは勝ち負けの世界だが、「論理的に考える」のは、勝ち負けではない。むしろ、いかに相手と共有できるかということを目的としているから、説得に近い。相手に自ら納得して動いたり、行動したりしてもらうために、論理的にこちらの考えを伝えていくことが目的だ。

決して相手を言い負かしたり、自分の立場を押しつけたりするために論理的な考え方が存在しているのではないことを覚えておかなければいけない。

自分と相手はそもそも違う。だれ一人、同じ人間はいない。だから、共通の物差しを探し、歩み寄る。論理的に考えることは、相手に対する優しさのあらわれである。

第 4 章

「論理的」に伝える練習

頭のいい人が使っている「ＩＲＡＣ」とは？

法律の世界で重要なのは、「結論」と「根拠」だと書いた。さらにもうひとつ重要なのは**「ＩＲＡＣ（アイラック）」**である。

耳慣れない単語かもしれないが、これは法律家が日常的に使っている考え方で、いわゆる世の中の「頭のいい人」たちは無意識のうちに行っているアプローチである。

これまでずっと、私が伊藤塾で教えている考え方でもあり、法律の場面に限らず、どんな場面においてもひじょうに役に立つと思っている。

「ＩＲＡＣ」とは、次の頭文字から来ている。

・「Ｉ」……Issue（問題点、課題）
・「Ｒ」……Rule（規則）

・「A」……Application（あてはめること）
・「C」……Conclusion（結論）

何が「問題」なのかを明示し、その問題を解決するための「ルール」は何かを示し、今回の事件はどういう事実なのかその事実をルールに「あてはめて」、「結論」を導き出す。

別の言い方をすると、課題に対して、「ルールという大前提」「アプリケーションという小前提」「結論」という、**「法的三段論法」**となる。

たとえばIssue、問題点、問題提起でいえば、「この人を殺人罪で処罰すべきか」が、これに相当する。

Ruleは、人を殺した者は処罰されるべきだという法律、刑法である。

Applicationでは、人を殺したということをルールにあてはめる。すると、この被告人は処罰されるべきだというConclusion、結論になるわけだ。

こうやって、事例をあてはめていくとわかりやすいだろう。

この「法的三段論法」にあてはめると、人を殺したものは処罰されるというルールという大前提があって、この被告人が人を殺したという具体的な事実、小前提があって、それをルールにあてはめると、よってこの被告人は処罰されるべきだという結論が導かれる。

「判決文を読むときはＩＲＡＣを意識せよ」「法律的な文書を書くときはＩＲＡＣにのっとって書くように」というように、伊藤塾ではＩＲＡＣを大事にし、これを徹底的に教えている。

「法的三段論法」で説明する

ＩＲＡＣが身につくと、「論理的に考える力」は飛躍的に伸びるはずだ。たとえば、会社で上司に報告するときや会議で発言するときも、つねにＩＲＡＣにのっとって説明すれば、ひじょうに論理的になる。

ビジネスの世界でも、じつはＩＲＡＣがふつうに行われている。ビジネスの世界における問題解決の基本的な手法は、まず問題や課題が何かを明確にして、現状を分析し、原因を考えて対策を立てるという、この循環である。

たとえば、「ある商品を何万個売りたい」という課題がある。ところが、現状を分析すると都心部では目標に達していなかった。なぜなのか。原因を究明する。

店舗で置く位置が間違っているのか、販売員への教育が足りないのか、そもそも置いている店舗数が少ないのか、など原因をピックアップしたら、その対策を考える。

都心部の店舗への営業を強化して、販売員への周知を徹底するなどの対策が、その問題を解決する結論となる。

この場合、ＩＲＡＣのＩは「ある商品を何万個売りたい」である。

Ｒは「地方では売れているが都心部では売れていない」という現状分析。

Ａはその場合の原因分析のことで、「店舗で置く位置が間違っている」などが相当する。

そしてＣが「都心部の店舗への営業を強化する」である。

あるいは、「お小遣いをあげてほしい」という課題を妻に切り出すとき、ＩＲＡＣ

の手法を使ってみる。

まず「小遣いをあげてほしい」という問題提起、Ｉである。そしてなぜあげることが必要なのか、成功している人の実例から普遍化した成功のルール、Ｒを提示し、自分の少ない小遣いにあてはめてみるＡを行い、こんなにカツカツの状態では人脈も広げられないし、自己投資もできないから出世できないとＣを示して説得してみるのだ。

おそらく私たちは、無意識にＩＲＡＣを使っていることもあるだろう。だがこれからはＩＲＡＣを明確に意識して、考えたり、説得したりしてみるのだ。

意識してＩＲＡＣを行うことで、「論理的に伝える練習」はさらに効果的に行えるに違いない。

物事を「二つに分けて」説明する

法律は、まさに論理そのものだ。法律の世界の考え方は、実生活で「論理的に伝える練習」をするのに効果的である。そのひとつが**「二元論」**である。

「二元」とは、物事のもととなっている二つのもの、という意味だ。そして「二元論」とは、物事を二つの対称的な原理によって理解する考え方のこと。たとえば、善と悪、精神と肉体、というように、二つに分けて考える。

じつは法律の世界は、すべて「二元論」で構成されている。

なぜなら法律は必ず、有罪か無罪かを決めなければいけないからだ。つまりシロかクロの世界である。それはゼロと一だけで構成されるコンピュータの世界と同じだ。コンピュータの世界もまさに情や曖昧さは存在しない、論理だけの、二元論の世界である。

当時はかなり画期的と言われたのだが、私は日本で初めて法律を、イエス・ノーの二元論のフローチャートで説明した。いまから三十数年前の話である。法律とは、条文で成り立っているものだとか、情がからむものだとかという思い込みが存在していたのだが、数学の数式のように、線で解説してみたのである。

それまでの法律学者はそういうことに反対だったので、私がそのフローチャートを見せたとき、「法律はそうやって割り切れるものではない。もっと人間味のあるものだ」と批判されたものである。

だが法律論そのものは、ロジックでなければならない。イエス・ノーで整理できなければ裁判で判決を出すことはできないし、法律を定めることもできない。そもそも法律はイエス・ノーで説明できなければおかしいのだ。

このような話をしていたら、あるとき、「いやいや三つの可能性もあるでしょう」と反論があった。三つの可能性というのは、ＡＢＣ三つの選択肢がある場合だが、それは二択の組み合わせに分解できる。すなわちＡかそれ以外か、Ｂかそれ以外か、の二択の組み合わせにすればいいのだ。

実際、コンピュータもそうやってプログラミングされている。コンピュータがすべて二元論の世界なら、法律も必ずそれで分析できると私は考え、民法、刑法などあらゆるものをフローチャートで説明してみたのである。

たしかに、現実の事件では、グレーゾーンの問題はある。殺人事件を例にとると、この人には故意があったかなかったかというグレーゾーンは存在する。だが裁判ではどこかで故意があったか、なかったかの判断をしなければならない。

もし故意があったらこちらに行く、故意がなかったらあちらに行く。故意がなかったとして、次に過失があるかないかに行く。過失があれば過失事件になって、さらにチャートが進んでいくし、過失がなければ無罪の結論にたどりつく。

現実の世界はぼんやりしていて曖昧だ。そのぼんやりしたものを二元論に乗せかえていくのが法律といえる。判断するためには故意があったのか、なかったのか、どちらかに決めなければいけない。

余談だが、裁判の現場では、こういう話も聞く。プロの殺し屋は刺すとき、包丁を横にするという。そうしないと肋骨にぶつかってしまい、心臓まで刃が届かない。そうしたことからも傷を見れば、故意か故意でないかがわかる。

つまりどんなに曖昧だと本人が主張しても、事実は故意があるか、ないかにしかわかれない。「どちらかわかりません」という答えのままでは判決は出せない。だから法律はほんとうは「どちらかわかりません」というときには故意がないと判断することに決めている。必ず二元論にのっとった世界であり、そうならないと成立しないわけだ。

なんとなく情に訴えることはやめて、二元論で考える練習をしよう。

たとえば、どうしても通したい企画があるとして、「私はいいと思うんです」「とにかくがんばりますから」と言うのはやめよう。企画のメリット・デメリット、いまやる意味・やらない意味……というように二つに分けて考える。そうすると、他人からの理解も得られやすいし、主体的に進めることができるだろう。

こうして「思考を可視化」する

「論理的に伝える練習」のための具体的な思考法やアプローチは、いろいろある。ここからは、私がいつも行っている方法を紹介したい。

まずおすすめしたいのは、「思考を可視化する方法」だ。

「思っていることを文章に書く」のは、立派な思考の可視化である。図にしたり、絵にしたりするのも可視化のひとつだ。そうやって可視化しないと、思考は堂々めぐりをしてしまう。

「論理的に伝える練習」は、まず思考の可視化から始まるといってもいい。

私はメモ魔である。つねに小さなノートを持ち歩いていて、思いついたときにはすぐに書き留める。パソコンの前にいるときは「メモ」というような件名の思いつきファイルをつくり、そこにどんどんキーワードを残している。

とはいっても、何を書いたらいいかわからないという人もいるだろう。そういうときは**「So what」（＝だから何なのか）と「Why so」（＝なぜそうなのか）を書いてみる**のがいい。

「どうしてそれをやりたいのか」「何のためにそれをやるのか」は、「Why so」である。「それをやってどうなるの」「だから何なのか」というのは、「So what」だ。

たとえば、仕事でチラシを作成することになったとする。なぜチラシを作り、配りたいのかは「Why so」だ。その理由を書き出してみる。そしてチラシを配ってどうなるのかは「So what」だ。それを書いてみる。「Why so」と「So what」がはっきりすれば、いつ、どんなタイミングで誰に向かって、どんなチラシをつくったらいいか、具体的な内容がはっきりする。

ただ漠然と「チラシをつくろう」では効果的なプロモーションはできない。「なぜそうなのか」と「だから何なのか」をつねに考え、その思考を文字に書き出して、可視化することで、論理の道筋が見えてくる。

可視化するためには文字に書くのが一番やりやすいが、図や絵にあらわすのもいいと思う。たとえば、樹形図のように整理していくのもひとつの方法だし、表にするとけっこういろいろな分析ができることもある。

たとえば、自分が食べた食事を炭水化物、タンパク質、脂肪、ビタミンと分けて表にしてみると、栄養のバランスが一目でわかる。表にして一覧にするだけで、これほどわかりやすくなるのだから、自分が考えていることも要素分解して、表にしてみると、必ずや新しい何かが発見できるだろう。

このようにふだんから思考を可視化するクセをつけておくと、論理的に考えるためのひじょうに効果的な訓練になる。

「あたり前」という言葉は使わない

「論理的に伝える練習」で、私がふだんから意識しているのは、「あたり前」という言葉を使わないことだ。

「それはあたり前だよね」や「当然そうでしょう」という言葉は意識的に使わないようにしている。要するに、共通の了解事項がない前提でつねに話すようにしているのだ。

「みなさん、おわかりですよね」と話すようなときも、「この点はわかりますよね」ではなく、そこもあえて説明してみる。「ここは当然だよね」と思うようなところも、丁寧に説明してみるのだ。

私たちは「あたり前です」「当然です」とつい言ってしまいがちだが、そういう言葉をできるだけ使わないようにするのだ。それだけでも、「論理的に伝える練習」にけっこうなっているような気がしている。

たとえば、子どもや若い人に対して、つい、「そんなの、あたり前でしょ」とか「そう決まっているの」とか「そんなこともわからないの」と言ってしまいがちだが、それだと思考がそこで止まってしまう。

昔、ラジオの子ども相談で、無着成恭さんや永六輔さんがすばらしい回答をしていた。あんなふうに頭を使って答えてあげれば、子どもも喜ぶし、論理的に考える練習にもなるだろう。

また、同じ業界の人とばかり話していると、「あたり前」ということにつかりきってしまって、その前提でばかり話すことになる。そうすると、新しい発見は生まれないし、その前提自体も疑いもしなくなっていく。思い当たることはないだろうか。

さらには、**本を読んだり、テレビを見たりしているときに、「つっこみ」を入れる**方法もおすすめだ。テレビのニュースやドラマでも、ぼんやり見ていないで、つっこみを意識すると、論理的に考えるきっかけになる。

昔、「コント55号のなんでそうなるの?」というテレビ番組があったが、その中でコメディアンの萩本欽一が「なんでそうなるの」とよくつっこみを入れていた。古い例で恐縮だが、そんな感じである。

テレビを見ながら、「そんなわけないだろう」とか「だから何なんだよ」とかつっこみを入れてみる。これをクセにしてしまうのだ。見るもの聞くもの、ことごとくつっこんでみるとおもしろい。ゲームのようにしてやっていると楽しくなってくる。

そのうち、ちょっと人と違うつっこみが入れられるようになると、違う視点で見ることができるようになった証拠だ。鋭い意見やつっこみが入れられるようになるので、人からも一目置かれるようになるかもしれない。

疑ってみる。鵜呑みにしない。そういうことも「考える練習」になるのである。

「抽象」と「具体」の両方を使う

法律は、「抽象的な法律」と「具体的な事例」の間を行ったり来たりするものといえる。実際、頭のいい人は「抽象」と「具体」をとりまぜた説明がうまい。法律以外の場面でも、「抽象論」と「具体論」を行き来する訓練をしておくといい。

たとえば、テレビで具体的なニュースを見たときに、それを少し一般化して考えるのも立派な抽象化である。逆に、一般論や抽象的な話が出てきたとき、その具体例は何かを考えてみるのだ。

それは、やや難しい言葉でいうと**「演繹《えんえき》」**と**「帰納《きのう》」**である。「演繹」とは抽象的なものから具体的なものに戻していくことで、反対に具体的なものを抽象化していくのは「帰納」である。

たとえば、「動物」という抽象的な概念から犬や猫、猿やキリンなど具体的なものを引き出していくのが「演繹」だ。犬や猫、猿やキリンを「動物」という抽象的な概念でくくることが「帰納」である。

法律の世界でいうと、「人を殺したら罰せられる」というルール（法律）がある。Aは人を殺した、ゆえにAは罰せられなければならない、という演繹法で展開されることもあるし、AもBもCも人を殺して罰せられた、そういう判例がある、だから同じことをしたDも罰せられなければならない、という帰納法で展開されることもある。

ふだんの生活で論理的に考えなければいけないとき、「演繹法」か「帰納法」のどちらかが使えれば、かなり論理的な展開ができるだろう。

また小遣いの例で考えてみよう。

小遣いをあげてほしいとき、ただ「あげてほしい」と言うのではなく、帰納法を使って、同僚のAもBもCもお小遣いをあげてもらった、だからいまのサラリーマンは小遣いをあげてもらわなければやっていけないのだ、という一般論を示してもいいし、いまのサラリーマンは一か月これぐらいのお金が必要であるという一般論を示して、だから自分もお小遣いをあげてもらわなければならない、と説得してもいい。ただ「小遣いをあげて」というより、ずっと論理的である。

「演繹法」と「帰納法」については、これだけで本一冊になるほど、多様で、深い。いわゆる「頭がいい」と言われる人は、「具体」と「抽象」を自由に行ったり来たりできる人だと私は思っている。

文化が異なる人と話をする

日本では、他者と自分を区別することがなく、仏教でも心の中に仏があって、仏は自分自身なのだという考え方をする。だから個を確立して、他者と対峙したり、他者を説得したりするために論理的に考えて、根拠をもって説明する訓練はほとんど必要なかった。

一方、西洋では神と人間という二元論的な世界観があるので、早くから個という考え方が確立していた。前章でもふれたが、論理的に考えるロジカルシンキングは、西洋では生きていくための必須の技術だったのである。

当然、西洋の言語も、論理的に考えるのに便利なようにつくられている。英語で思考したり、英語で書いたりしてみるのは、「論理的に伝える練習」をするのに役立つだろう。英語では、曖昧さは許されないからだ。また、**共通の文化をもたない外国人**

と話をしてみると、論理的思考が鍛えられる。

そういえば、よくあるのが、お土産を渡すときの言い方だ。日本では**「つまらないものですが」**と言って渡す。日本人ならそれで十分心が伝わるが、外国でそんなことをしたら大変だ。「ばかにしているの」と相手が怒り出すかもしれない。

外国人にお土産を渡すときは、「これはあなたのためになると思って探したんです」とか「これを食べたら、絶対おいしいから」と言うと、喜ばれる。なぜ自分がこのプレゼントを選んだのかということをちゃんと説明しないと、気持ちが伝わらない。

以前、ドイツの友人に浴衣をプレゼントしたときも、なぜこれがいいのか、さんざん説明した。楽に着られるとか、汗を吸うとか、日本の文化も説明して、プレゼントする理由をいくつもあげて、「だからこれに決めたのだ」と言って渡したので、とても喜ばれた。

そういう意味で、英語で考えたり、外国人に理由を説明したりすることは、論理的な思考になじんでいく訓練をするには効果があるはずだ。

共通認識や前提がない人に話すときは、論理的でなければ伝わらない。

思えば私は四〇年以上、法律をまったく知らない人に対して法律を教えてきた。そのため、論理的に伝えることを鍛えることができた。「権利」や「義務」と言っても、まったくわからない人たちに「権利とはこういうものだ」ということを四〇年にわたって教え続けてきたのだ。

そう考えると、いつも同じ業界の人と共通言語で話すのではなく、まったく異なる業界や世界の人と会話をする機会を持ったほうが論理的に考えたり、伝えたりする練習になるのだと、あらためて思う。

論理的に伝えれば、きっと伝わるはずなのだ。

第 5 章

考える「精度」をあげる練習

目標を「最小化」する

「考える」とはかなり広い概念だ。アイデアやひらめきを生み出すクリエイティブな世界での「考える」と、法律の世界に代表されるような論理的に「考える」とは少し違う。またぼうっと何かを考えているときの「考える」もまた違った種類のものだ。

その点、「集中力」というと、ある程度、限定できる。「ぼうっと集中する」という状態はおそらくないから、「集中力」とはゴールや結果、時間という要素を意識して考える頭の使い方をいうのである。

考える精度をあげるためには、「集中力」を鍛えるのがいい。「集中力」とは時間を意識すると同時に、ゴール、つまり結果を意識することだから、一点に絞り込んでいく作業だ。

それは、考える精度をあげるプロセスとひじょうに親和性が高い。よけいなものを捨てて、ゴールに集中していけば、間違いなく考える精度もあがっていくはずだ。

この章では、「考える練習」に必要な集中力について、いかに鍛えたらいいか、述べてみたい。


そもそも集中するのが苦手だという人は、導き出さなければいけない結論やゴールが曖昧なことが多い。


「年収をあげたい」と漠然と考えていても、いい考えは浮かんでこない。考えの精度をあげるには、「年収をあげる」というゴールをもっと明確にする必要がある。

たとえば、五年後に一〇〇〇万円の年収を超えたい、などというように具体的にゴールを設定する。そうすれば、今年は少なくとも何百万円までは年収をあげたほうがいいとか、今何をするべきかという目標ができる。その目標と現在の自分の状況とを照らしあわせて、ギャップを埋めるにはどうしたらいいのか、具体的に考える方向性が見えてくるだろう。

本業でその目標まで年収をあげていくのか、それが不可能なら副業を考えるのか。副業でいくなら、どんな可能性があるのかなど、分析して、切り分けていって、集中すべきテーマを最小化していくのだ。

もうひとつ例をあげよう。「一流大学に合格したい」と漠然と考えていてもなかなか成績はあがらない。まずは、たとえば自分のレベルで努力すれば合格できそうだと感じる大学の中から志望校を選び出す。

志望校が明確になったら、そこに合格するには自分がいまどれくらいの位置にあるのか分析し、どの科目のどの分野が苦手なのか、なぜ苦手なのかというように「問題を切り分けながら最小化していく」のである。そして最小化した問題に対して、一点に絞り込んで集中するのだ。

集中するのが苦手な人は、英語の成績が悪いから英語をやり、途中で数学も悪いから数学もやらなくては、と思ってしまう。そして数学をやりながら、そういえば物理もまだ手をつけていなかった、とふっとひらめいてそちらに行ってしまったりする。

自分はいま何をやらなければいけないのか、やるべき目標、ゴールを最小化して一点に絞りきっていないから、散漫になったり、ふらふらしてしまったりする。

このように、ゴールを明確にする、というのはつまりは「考える練習」なのである。

「切り捨てる」勇気をもつ

一点に絞り込んでいく過程で重要なのは、**「優先順位をつけること」**だ。

問題を切り分けていけばいくほど、いろいろな課題が出てくる。英語も数学も物理も弱い、というときに、何を優先するのか順番をつけていかなくてはいけない。

ところが集中できない人は、考えなくてはいけないことを、すべて処理しなくてはいけないと思ってしまう。あれもこれも、みな途中まで考えて、あれも大切だ、でもこっちも大切だといろいろなところに考えが飛んでしまい、どれも解決できないまま、ぐるぐる回ってしまう。

だが、人間は生きていれば、誰でも考えなければいけないことをたくさん抱えている。それらを同時に解決することなど、およそ不可能だ。だから課題や問題をうまく切り分けて、整理し、優先順位をつけていくことが、集中して考えるためには必要だ。

優先順位をつけるとは、割り切ること、他を切り捨てる勇気である。**とりあえずこの問題はわきにおいておくという思い切りのよさが必要**なのだ。

伊藤塾でも、「合格するためには基礎・基本に集中しなさい」と指導している。私はこれを「それ以外に手を出さない勇気」という言い方をしている。

書店に行けば、たくさんの参考書や問題集が並んでいる。インターネットをのぞけば、いろいろな勉強法や合格法があふれている。「へえ、こんな勉強法もあるんだ」とか「こんな参考書もあるんだ」というふうに気になって手を出し始めると、たいていつぶれてしまう。情報があふれている今、それらに惑わされないことが重要だ。

優先順位をつけるために、他を切り捨てるといったが、何も未来永劫、無視して捨てるというわけではない。とりあえずはわきにおいておく、というだけだ。どうしても他が気になるという人は、まずこれを片づけてから、そちらをやる。順番にやっていくというだけなのだ、と自分に言い聞かせておこう。

ちなみに私自身の話をすると、私は「集中」の状態に入ると、もうそれ以外はまったく目に入らなくなってしまう。

恥ずかしい話だが、朝ベッドでパジャマを脱ぎ捨て、そのままの状態で置きっぱなしになっていることもある。家に私一人でいるときなど、本当にパジャマのズボンが脱いだままの形で、床の上に鎮座している。

帰ってくると、そこに足を入れて、引っ張りあげればそのままズボンがはけてしまうので、私にとっては便利なことこの上ない。もし家に誰もいないままそういう状況が長く続いていったら、私の家はとんでもないことになってしまうに違いない。

私の優先順位からすると、パジャマをたたんだり、家の中を片づけたりするのは、限りなく順位が低いことになるのだ。情けない話だが、もう私はあきらめて、割り切っている。

とはいえ周囲を見てみると、いわゆる天才と言われる人たちは、それだけに集中するあまり、日常生活で支障をきたしてしまうという話をよく聞く。やはり並はずれた集中力を発揮すると、ほかのことはまったく関係なくなってしまうのだろう。そこまで集中できればすばらしい。逆に言えば、そこまで集中できるからこそ、ものすごい発見や発明や業績が得られたのではないだろうか。

「あえてやらないこと」をリストアップする

集中するという意味で、私が**「捨てたもの」**はいろいろある。

ひとつは訴訟弁護士としての活動である。最近、一人一票問題など、いろいろなことで裁判で戦う必要が出てきたので、私は再び弁護士資格をとったが、少し前まで、弁護士登録をしていなかった。

それは、法律家を育てること、憲法を広めることという自分の使命を果たすために、いわゆる弁護士活動に時間を使うのはやめようと思ったからである。

弁護士は一般の人たちや会社の相談にのって、法廷に立ち、訴訟を行う。そのためには訴状や答弁書を作成したり、訴訟方針を決めたり、ぼうだいな準備をしなければならない。またお客さんや顧問先を増やすための営業活動も必要だ。そうしたことに時間を使わずに、法律家を育てる教育の仕事に集中したいと思ったからである。

やめたことはほかにもある。会社では、部下が育ってきたので**「仕事をまかせる」**ようにしている。以前は、何から何まで自分でやらなければ気がすまなかった。毎年、合格者を集めて行う船上パーティも、船の手配から料理の選定、来賓の方たちの席順や紹介の順序まで、すべてチェックしたりしていたのである。よくぞ、そんなことまでやっていたものだ、と我ながらあきれてしまう。

最近は社員にまかせ、私がよけいなことをしないほうがもっと社員も育ってくれるし、うまくいくことがわかったので、まかせるようになった。心配な面もあるが、うまくいったときはほめ、失敗したときは、なぜそうなったのか一緒に原因を考えて、次に生かせばいい。

実際、思い切ってまかせてみたら、ひじょうに楽になった。その分、私は別のことを考えたり、集中したりできるようになった。会社で地位があがるにつれ、プレーヤーからマネジメントにシフトしていく過程はビジネスパーソンにはおなじみのことである。

また私は、SNSを使った発信もやらないと決めた。以前、私はツイッター（X）

をやっていて、まめに発信していた。フォロワーからコメントが来ると、ちゃんと答えてもいた。だが中には議論ができない人や荒らすことだけが目的の人もいて、その対応に費やす時間がムダだと感じるようになった。

だからある時期、きっぱりやめてしまった。きっといろいろ言われているのだろうけれど、もう言われっぱなしでいいや、と割り切ってしまったのだ。そしてそこに費やしていた時間を、意見が違っても対等な立場で知的な会話ができる人との議論や、別のことを考えるために使おうと決めたら、あとはずいぶん楽になった。

もちろんSNSの発信手段を持っているといろいろなメリットはあるだろうが、デメリットも大きい。今の私にとっては、時間の使い方としてあまり効果的ではないと思ったので、あえてSNSでの発信は切り捨てるという選択をしたわけだ。そのかわり、私の発信は本を書いたり、講演をしたりするという方法に優先順位をつけている。

集中して考えをより深めていくためには、集中を阻害するものを探し出して、それを整理し、割り切ることが大切だと思っている。

いったん「ここでやめる」と決める

人間の頭は、その時間に集中して考えられるのはひとつだけ、というようにできているのだと思う。同時にいくつも考えているように見えるのは、瞬時に切り換えているるだけだろう。Aを考えて、次にBを考え、Cを考える。

そのとき、ふつうはAを考えてある程度は結論を出してからBを考え、ある程度は結論を出してからCに行くと思うのだが、同時に集中して考えられる人は、Aを途中まで考えてBに切り換え、Bを途中まで考えてCに切り換え、Aに戻ったときにその途中からスタートできるのだと思う。

こんなイメージだ。ちょうど動画を途中でとめて、別なものを見て、またそこから再生できる人が、同時にいくつも集中できる人に見えるのではないだろうか。

集中できない人は、A→B→Cと考えて、Aに戻ったときに、振り出しに戻ってまたAの最初から始めるのだろう。ストップボタンを押すと、また最初に戻って同じことをくり返す。それでは永遠に考えが深まらないので、同じところをぐるぐるしてしまう。

だからもとに戻らないで、その途中から考え続けられるようにするためには、どうすればいいか。

私は、**「記録に残しておく」**のが大事だと思っている。紙に書いておいてもいいし、いったん結論を出してしまうのでもいい。あるいは、もうこのことは考えてもしかたがないから、いったんやめると決めて、そこから先に進んで考えるようにする。

その意味ではやはり、集中するためには「割り切り」が必要だ。さんざん考えてここまで来たのだから、もう後戻りせず、そこから先を考えようと、切り換えをうまくやることがいろいろなことを同時に考えられるということだ。

どちらにしろ、人間の頭はAを考えて、次にBを考える。いわば単線である。人間の声もそうだが、ホーミー（モンゴルの歌唱法のひとつで、一人で二つの声を同時に出すこと）のように、二つの音を同時に出すことは、ふつうはできない。

だから、ひとつのことしか考えられないのは、いたって正常なことである。同時にいくつものことに集中できないからといって、落ち込むことはない。

聖徳太子のように七人の話を同時に聞いて判断できた人もいたというが、もし聖徳太子が本当にそんなことができていたのだとしたら、彼はAを考え、瞬時にBを考え、次の瞬間Aの進んだところからまた考える、というように瞬時に切り換えていくことにおそろしく長けていた人だったのだと思う。

結局、欲張って、同時に三つも四つも考えようとせず、ある程度、ひとつのことに集中して、結論らしいものを出してから次に行くのが、考えを深める意味でも効果的だと考えている。

モチベーションが「下がったとき」どうするか

集中してモチベーションを維持し続けるには、今、集中しようとしていること以外のことを整理することが大事だ。
「今ここ」のことだけを考えるのだ。

プライベートの悩みがあって考えたくなったとしても、たったいまは仕事の最中で、仕事について考えなければいけないのだとしたら、その悩みのことを考えても何の役にも立たない。その悩みのことは後回しにするのだと自分に言い聞かせたり、紙に書いたりして、自分を納得させる。

そして、この一時間は集中して仕事のことしか考えない。でも昼休みにコーヒーを飲みに行ったときに悩みのことを考える、というふうにメリハリをつけるのである。

モチベーションはつねに上がったり、下がったりするものだという自覚も大切だ。人間の気持ちには波がある。その波の振幅をできるだけ小さくして、できれば高いレベルで維持できれば一番いいのだと思う。

モチベーションが絶対下がらないようにするとか、つねにハイテンションでいるのは無理だ。ある程度、モチベーションが下がるときがあってもしかたがない。ただ、ガクンと下がってそこから回復するのに時間がかかってしまうほど深く落ち込まないようにすることが大切だ。

そのためには、Aのことを考え続けてモチベーションが下がってしまうのなら、適当なところでけりをつけて、Bに切り換えるとか、Aを考えているのにBが気になってモチベーションが下がるときは、Bはいま考えなくてもいいのだ、というように自分に言い聞かせることだと思う。

要するに、考えることを整理する。

整理するのは何も部屋の片づけだけではない。頭の中で考えていることも、ある程度交通整理をして、いま集中すべきことを自分で再確認することである。

「時計」は最強のコーチ

「集中力」を鍛えるためにふだんの生活でもできるトレーニングがある。私もいつも行っているちょっとしたことだが、これは「考える練習」にとても役に立つ。

まずは、**「時間を区切って、目標まで到達する」**というやり方だ。

これは、私が司法試験の勉強をしていたときなど、よくやっていた集中法で、時間と量の両方を固定して勉強を行うやり方である。

たとえば問題集をやるときも、ただ漠然と問題を解くのではなく、**「三〇分で一〇問やる」**というように、決められた時間内に決められた課題をやり遂げるのである。自分にノルマを課して時間と量を数字で決めてしまうと、いやでも集中せざるを得ない。

「仕事量=脳の回転数×時間」だとすると、そのときの回転数に相当するのが集中力である。だから集中力を鍛えるには、仕事量と時間を決めればいい。期日を決めない仕事は仕事ではない、といわれるのは、回転数も仕事量もいい加減になってしまうからだ。

まず締め切り（時間）とそのときまでにやらなければいけないこと（仕事量）を決めておく。そうすれば、おのずと集中力（脳の回転数）が決まってくるだろう。短期であればあるほど、集中力は高まるのである。

知り合いに、毎日の昼食はエレベータを降りて五歩以内に決定することを習慣にしている人がいる。そして、毎日違うところに食べにいくようにしているそうだ。五歩と時間を区切って、やるべき内容を決める。

毎日やっていると言っていたが、三六五日これを続けていたら、その積み重ねはばかにならない。集中力がかなり鍛えられるだろう。

「わかったつもり」でスルーしない

集中して何かをやろうと思ったら、重要なのは**「前段階の準備」**だ。

集中して考えなければいけないテーマがあったとして、それについてふだんから関心を持ち、素材集めをしておく習慣をつけておけば、いざ集中する段階になったときも困らない。

ここぞと集中力を発揮しなければならない企画会議やプレゼンがあるとすると、その前に準備をしておくのは当然だ。あるテーマについて集中して考えるとしたら、それに関連する本や資料などの情報を、アンテナを広げて集めておかなければいけない。

集中して考えるにしても、材料がなければ考えられないからだ。法律の世界でいえば、法律的な概念や言葉を使って考えることになるから、当然そのための素材や知識などのパーツが必要になる。

ちょうど英単語を覚えないと英会話ができないのと同じだ。やはり英単語は一〇〇〇個くらいは知っている必要があるだろう。それがあって初めて英会話ができるのである。

こんなふうに集中して考えるためには、「考える素材」としてのパーツがないことには話にならないから、ふだんから素材集めをしておくことが大事だ。これを習慣化してしまうといい。

それも、ただ単に集めるだけでなく、内容を記憶して理解し、組み合わせて使いこなせるようになっておかなければならない。物事を深く考えるためには、ひとつひとつの素材に対する正確な理解も必要なのだ。

そう考えると、ある程度の教養や基礎知識は必要だということがわかる。ふだんから、わからないことを放置したり、わかったつもりでスルーしないよう、**「あれ？」と疑問に思ったことは、こまめに調べる**ようにしておいたほうがいい。その積み重ねが、いつか集中して考えるときの万全の準備になっていくのである。

ただし、教養や知識が凝り固まって、自分を縛る枠にならないよう注意したい。なまじ知識が増えれば増えるほど、「昔はこういうことがあった。だからこうしたほうがいい」と先例にとらわれたり、「著名な人がこんなことを言っている。だからこれが正しい」などと権威に寄りそったりしてしまいがちだ。すると、かえって自由に考えることが阻害されてしまう。

教養や知識は、あくまで自分の頭で考えるための素材やパーツにすぎないのであって、自慢したり、依存したり、真似をしたり、権威づけに使ったりする道具ではないことを心しておきたい。

地図を見ないで目的地まで行ってみる

「未知の世界に興味を持つ」こともおすすめだ。

「好奇心」と言い換えてもいいのだが、何事にもつねに好奇心を持ち、未知のことを楽しむ姿勢があると、集中力が高まりやすい。自分が体験していないことや、新しいことに挑戦するときは、自分のもてる力や経験を総動員して、集中して〝わかろう〟とするからだ。

私がよくやっているのは、知らない場所に行ったとき、時間に余裕があればあえて地図を見ないで目的地まで到達する試みである。

電車の中で外の景色を見て、多分こちら側のほうが建物が多かったから、目的地もそちら側ではないかとか、海に近いほうにホテルや旅館が多いから、自分が泊まるホテルも多分、海側だろうとか、いろいろ周りを見ながら推論して行動する。

そのとき私は自分の経験や直感や推理などあらゆることを総動員して、目的地にたどりつこうとしている。集中力や想像力、思考力などが知らず知らずのうちに実践で鍛えられているのだ。

パンフレットやチラシから目的地を想像し、現地に行ってギャップを楽しむということもよくやっている。海外に行くときはもちろん、地方に出張するときも、時間があればその土地の写真や旅行のパンフレットを眺め、できれば地図も用意して、どんな町なのか想像する。

そして現地に行ってみて、「意外に広いな」とか「けっこう都会だな」などと、ギャップを楽しんでみる。自分が想像したことは、いままで経験してきたことの中で勝手に組み立てたイメージなので、自分がいかに枠にとらわれていたかがよくわかり、枠を広げるきっかけにもなる。

海外旅行で思い出すのは、中学生のとき一人でアテネに行ったときのことだ。アテネにはアクロポリスという有名な神殿がある。子どもの頃から、私はアテネというと、白い大理石の柱が立っている壮麗なあの神殿の写真を頭に思い浮かべていた。

私の中のイメージでは、郊外の広々とした丘の上におごそかにそびえたっている神殿という感じだった。だが、実際に行ってみると、アテネのごちゃごちゃした町のど真ん中に、ちょっとした丘があって、その上に建っていた。「ええっ、こんな町の真ん中にあるの」とそのギャップに驚いたことを思い出す。

こんなふうに、現地に行ってみると想像と違っていることはよくある。そんなとき、「なぜなのかな?」とちょっと考えるクセをつけておく。いかに自分が先入観や思考の枠にとらわれていたかに気づかされて、それを取り払うことにもつながっていくだろう。

「どんなことでも楽しめる人」になる

好奇心とも関連するが、「何でも楽しむ姿勢」も集中力を鍛えるには役立つ。どんなことにも楽しみを見つけようと一生懸命見たり、聞いたりしていると、自然に集中力が鍛えられる。

前にも書いたが、私はテレビのチャンネルを変えたときには、たまたま映った番組を一生懸命見てしまうクセがある。放送大学での数学の数列の解説など、いまの私の仕事には関係ないだろうなと思われる番組でも、集中して見てしまうのだ。

合間にはさまるCMですら、私は一生懸命見てしまう。新しいCMはもちろんだが、何度も見たCMでもやはり新しい発見がある。

世の中におもしろくないものなどない。自分に楽しめる度量があるかないかにすぎないと思っている。だから、自分の目の前に来たものは、そこで集中すれば、十分楽しめてしまうものなのだ。

このCMをつくったディレクターはどうやってこのタレントに交渉したのだろうか、この音楽をつくった人は映像を見てから作曲したのだろうか、後ろの背景はどこで撮影したのだろうかなどいろいろ考えていると、時間がたつのも忘れてしまう。

そうやってCMひとつでさえ楽しみながらあれこれ考えるのは、集中力を鍛えることになるし、同時に想像力を養うことにもつながっているのだと思う。

結局、必要なのは人生を楽しもうとする心、感動しようとする心である。

夕日の美しさに感動し、道端に咲いた花に心がなごみ、ふとした笑顔に心が温かくなる人は、人生をより幸福にすごせるだろう。それは小さなことにも幸せや感動を見つけられる「心の持ち方」によって可能になるのだ。

「人がいるとき」のほうが集中できる

一人でいるときのほうが集中できると思われがちだが、意外に人と話している最中や、講義をしているときに新しいアイデアや考えがひらめくことがよくある。私も講演をしている最中に、急に思いついたり、発見したりすることがあって、途中でそっとメモをしていることもしばしばだ。

おそらく人がアウトプットしているときは、集中力が高まっていて、何かを生み出すのに有利なのかもしれない。集団でアイデアを出しあうブレーンストーミングで、ひらめきや思いつきが生まれるように、人がいるときのほうがかえって集中して、考えが深まりやすいように思う。

だから、たとえ一人で考えるときも、話し相手がいたほうがいいだろう。理想をいえば、私のそばにいつもいて、私がぶつぶつ言うことに対して、何かつっこんでくれる人がいると、より考えが深められる気がする。

ただ、私が集中して考えるのは夜中や早朝が多いので、そんな時間帯につきあってくれる人などいないから、自分の中でもう一人の自分を想定して話す。**「ひとり対話」**のようなものをよくしている。

自分で何かを言ってみる。するともう一人の自分が「それでは論点が弱いからこう言おう」とか、「これにはこんな反論があるだろう」とつっこんでくるのだ。気づくと「ひとり対話」をしていることが多い。

夢の中でさえ、そんなことをしているものだから、朝起きたときあわててメモをすることがある。そうしないと大事なアイデアを逃してしまう。歩いているときも、一人静かに沈思黙考しながら、頭の中ではしきりに自分と対話している。

人は一人で考えているよりも、相手を想定し、人に対峙していたほうが集中できると私は思っている。

「年をとって頭がかたくなる」は間違い

年をとると頭がかたくなる。柔軟な発想が難しい。若いときのように一気に集中できない。それは間違いだと私は思っている。子どもだから集中力がないというのも偏見である。

年をとって頭がかたくなることはないはずだ。世の中には年をとっても頭がかたくない人がゴマンといる。六〇歳を過ぎて司法試験に合格する人もいる。もし自分が最近頭がかたくなってきたと思うのなら、それは年齢のせいではなく、自分でかたくしているだけだ。**自分の経験や先入観に勝手に縛られている**のだろう。

年をとるということは、それだけ経験を積むことなので、経験則に縛られてしまう傾向は出てくる。たとえば、自分の経験からしたらそれは無理だとか、いままでそんなことで成功した人はいないとか、過去の経験や知識に縛られてしまって、柔軟な発想ができないことはある。経験の枠を飛び越えた発想がしづらくなってしまうことはあるだろう。

もし年をとって頭がかたくなったと思うのなら、経験の枠に縛られないように意識すればいい。自分を縛る枠や先入観を取っ払うことさえできれば、いつまでたっても柔軟に考えることはできるし、新しい発想を生み出すこともできる。

同じようなことは、環境についてもいえる。「落ち着いて考える場所がない」とか、「時間がない」とか、「周りがうるさくて気が散る」とか、いくらでも集中できない理由をあげて環境のせいにすることはできる。

でも、集中できるかどうかと環境は、あまり関係ない気がする。もちろん自分が集中できる場所や時間帯などはあってもいいと思うが、それこそ「自分は朝しか考えられない」とか「周りに人がいるところではダメだ」と決めつけてしまうと、もったいない。

たとえ細切れの時間しかなくても、自分にとってそれはベストの時間だと思えば集中できるはずだ。電車が遅れて、騒がしいホームで一時間待たされたとしても、そこでイライラするか、「しめた、考える時間ができた」と思うかで、集中のしかたも違ってくる。

「こうでなければならない」と自分を縛る枠を持たずに、いつもそれが自分にとってベストだと考えればいいのだ。

集中力はいくらでも鍛えられる。「考える練習」もいくらでもできるのだ。

第 6 章

考え続ける、考えるのをやめる

名案が「降りて」くるのはどんなとき？

前章では、「集中して考える練習」をすることについて述べてきたが、さらにどうしてもふれておきたいことがある。それは「考え続けること」と「考えるのをやめること」についてだ。

「集中して考える」ことには、一瞬にすべてをかけて全力を注ぐ「集中」もあるが、ひとつのことを持続してずっと考え続ける「集中」もある。

後者の場合の「集中」には持久力が要求される。すぐには結論が出ないが、ずっと継続してひとつのことを考え続ける力である。その持久力も必要だと私は思う。というのも、ひとつのことを考え続けると、その蓄積から、何かがひらめくことがあるからだ。

私は、このところずっと何か月も考え続けていることがあった。電車に乗っているときも、歩いているときも、ずっと頭の中でそれについて考えていた。

するとある日、突然、すばらしい考えが〝降りて〟きた。渋谷駅から伊藤塾まで歩いてくる歩道橋の上で完璧な解決法がひらめいたのである。「ふむふむ、こういうふうに批判されたら、こう反論すればいいんじゃないか！」と私は小躍りしたくなった。

こういう考えがひらめくのも、**ふだんからずっと集中して考え続けていて、頭の片隅にいつもテーマがある**からだ。だから何かの拍子にひらめいたり、関連することが見つかったりするのである。

仮にすぐに答えが出てこなくても、考えてきた過程や、考えるためにインプットしたことは必ず次に生きるのだから、持続して考えることを意識したほうがいい。

私はいつも塾生には「一歩先を考えろ」と教えている。それは目先のことだけにとらわれずに、先を見越して考えろということだ。

いま一生懸命考えたことは、すぐに結果につながらなくても、必ずどこかで役に立つ。実際、役に立つのだ。そういう経験をひとつでもしておくと、「考える練習」自体が苦ではなくなる。当面は大変でも、そこで挑戦して考えたことが次につながるのだから、そのプロセスを楽しめばいい。

考え続けることは楽しいことなのだ。そして、それは未来につながる。そう確信をもってとらえたほうがいい。そうすれば、考えることはまったく苦ではなくなる。

あえて「ちょっと寝かせる」のもいい

「考える練習」を続けて、頭から湯気が出るほど考えてみても、結論が出ないことがある。そんなときは、ちょっと休むことも大事である。それは考えるのをやめるとか、思考停止することではない。〝ちょっと寝かせる〟というイメージである。

ひとまず横においておいて、ほかのことをやってみるとか、まずは行動しようということで、とりあえず動いてしまう。そうすれば、また新たな気持ちで考え続けられるだろう。

対処すべき課題をひとまず寝かせるというのも、そのあと継続して考え続けるためのひとつの訓練だ。

結局、どんなに考えても、解決できることと解決できないことがある。できないことはしばらくほうっておくという決着のつけ方も大事なのだ。

いま、自分で対処できそうなことは対処法を考えるが、**いま考えてもできないことは考えてもしかたない。それは後回しにしようと割り切ることだ。**そうすれば、よけいなことで堂々めぐりをしなくてすむ。

ちょっと寝かせたり、ほうっておくことで、状況が変わったり、相手が変わったりして解決できることもあるだろう。自分が成長して解決できるようになることもある。今日は考えるのをやめて、明日考えるのでもいいし、一週間後にもう一度考えてみるのでもいい。一時棚上げは、ひじょうに有効な解決方法になることもある。

ちなみに私は講演の内容を考えるとき、何をどう話すのか悩むことがある。講演会の規模や時間、他に出演者がいるかどうかなどによって、話す内容や話し方も違ってくる。

どうしたらいいか迷うときは、いったん原稿をつくっておいて、一晩か二晩寝かせるのである。するとわりとすっきり内容が決められる。時間に余裕があるときは、いったん寝かせるという方法も有効である。

「考えるのをやめる力」が大事なわけ

考え続けることは大事だが、もっと大切なのは「考えるのをやめて、そこで結論を出し、決断すること」である。考え続けることが目的なのではなく、考えた結果、結論を出すことが目的だからだ。

ビジネスの現場では、考えることしかできない人間は、なかなか活躍できないといわれている。必要なときに自分の意思で思考停止して、考えをまとめたり、結論を出したりしなければ、前に進まない。どこかで考えるのをやめる決断が必要なことがある。

「この企画がいいんじゃないか」「あっちの企画がいいんじゃないか」とずるずる考

えていても、何も前に進まない。どこかで決断しなければいけないのだ。だから意図的に考えるのをやめる力も、実は「考える力」と同じくらい、ひじょうに重要なことである。

これは先ほどの「ちょっと寝かせる」のとは違って、自分の意思で明確にやめることがポイントになる。**目標を明確にして、考えをひとまずまとめて実行し、結果を検討してみて、そこから何かを得て、再度考える。**また決断してやってみて、というくり返しが、ＰＤＣＡ（Plan-Do-Check-Action）のサイクルだ。

ビジネスの現場では、このＰＤＣＡサイクルがふつうに行われている。これまで人間はその営みをくり返しながら成長してきたのである。

結局、「考える力」と「考えるのをやめる力」は、人間の成長のプロセスである。考えることしかできない人間は活躍できないというのはこのことだろう。

考え続けた過程やひとまず出した結論を見て検証し、次の考えや素材に使っていく。そのために思考停止を意識的に行うのだが、そこですべてが終わるわけではなく、次に生かすことが重要だ。考えて、とめて、決断し、その結果を踏まえて、また考えて、とめて、決断する。これが次につながるサステイナブル（持続可能）な考え方である。

「ベストな結論」じゃなくていい

考え続けていたことをやめる決断をするのは、ひじょうに勇気がいる。そのとき、その時点での結論を出すわけだが、ベストの結論を出そうとすると、決断がしづらくなる。

だから、**「ベストな結論でなくても、多少ましな結論でいい」**と思って、いったん決めることが大事である。

たとえその結論が間違っていたり、不利益があったりしたとしても、必死になって考えた上での結論なのだから、必ず次に生きてくる。そこから学んで、別の機会にもう一度考え直し、次に生かせばいいだけだ。

やめることを、恐れてはいけない。

たとえば、司法試験の勉強をいったんやめると決意したとする。せっかくいままで頑張ってきたのに、やめてしまうのは、短期的にはマイナスに見えるかもしれない。しかし、長い目で見たら、やめて新しいことに挑戦した経験がものすごくプラスになっているはずだ。

あるいは勉強を続けるという決断をして、次の年も落ちてしまい、「ああ、去年でやめておけばよかった」と思うかもしれないが、それでもその一年努力したことで得られたものは必ずある。もしかしたら翌年受かるかもしれないし、あきらめないでよかった、と思うことがあるかもしれない。

私は塾生にいつもこう言う。**「合格と不合格は等価値だ」**と。

どちらの決断に転ぼうが、長い人生にとっては等価値なのだ。だからもしやめる決断をしても、また次はある。これで終わりではない。どちらの道を選んでも、自分で考えた上での決断なのだから、価値がある。そこでひとつ成長している。そして、勉強したことや経験したことは、絶対に糧になっているのだ。

どんな決断でも、きっと次はあるはず。だから心配はいらない。そう思って、たとえ完璧とはいえなくても、そのときのもっとも「ベターな決断」を下すということを意識しておけば、心配はいらないのである。

「考えた末の決断」なら必ずプラスになる

なぜ、考えるのをやめる決断をしなければいけないのかというと、その答えはひとつだ。**時間は有限**だからだ。

次に進むにはきっかけが必要だ。ひとつの区切りとして、「決断するという経験」も重要である。

人はなかなか決断したがらない。決断するのがいやなのだ。

何か責任をともなったり、将来が見えなくて不安だったり、何かを失うおそろしさもある。将来が保証されていて、未来がわかっていれば、誰だって決断できるだろう。先が見えないから、みな決断できないのである。

それでも勇気を出して決断に踏み切ったという経験があれば、あとで大きく自分を成長させる自信になる。次の考え、次のテーマに進むために、人は何かをやめる決断をして、次に進まなければならないのだ。

結局、それは「覚悟を決めること」だ。ああでもない、こうでもない、と決断しないで逃げていても、望んだ結果は得られない。

試験勉強をこのまま続けたほうがいいのか、やめたほうがいいのか。この会社をやめたほうがいいのか、やめないほうがいいのか。この人と結婚したほうがいいのか、しないほうがいいのか。

どちらを選んでも不安である。どちらに行けば自分の幸せにつながるかは誰にもわからない。だとしたら、覚悟を決めて、先に進むしかない。

どちらを選んだにしても、考えた末の決断なら必ずプラスになる。心配はいらない。そしてそうやって悩み、決断した結果、自分にとって確かにプラスになるという実感がもてると、考えるのをやめて決断することができるようになる。

ただそのためには、その前にしっかり考えることが必要だ。これまで述べてきた

「考える練習」の考え方、アプローチを使って、論理的に考えたり、期日を決めて考えたり、集中して考えたりして、十分考えつくす。その上で考えるのをやめたのなら、その決断は必ずプラスに生きる。

決断することによって、人生の次の扉が開かれるのだ。

第7章

「想像力」を広げる練習

考え続けたあとに「ひらめき」はやってくる

「想像力」、いわゆるイマジネーションの力も、じつは「考える練習」につながる。「想像力」とは自分が見たり、聞いたりしたことのその先を想像するということだから、頭を使って考えないことには成立しない。

クリエイティブな世界にいる人たちが大切にするひらめきや直感も、想像力の一種である。これらは、もともと才能がある人たちに突然〝降りて〟くるように思われがちだが、そうではないと私は思う。

まったくの無から有は生まれない。ひらめきや直感の背後には、ぼうだいな知の集積が存在すると私は思っている。

それこそ、大量の本を読んだり、たくさんの経験を積んだり、いろいろなところに行ったり、人と会ったりして、ものすごい量のインプットをした中から、ひらめきや直感が生まれてくるのだろう。

それだけではない。ひらめきや直感には、強い「思い」が必要だ。何の目的もないのに、突然ひらめくということはない。

やはり「思い」がつねにあって、求めている意識があるから、ぼうだいな知と知が結びついて、突然ひらめきとなって現れるのだ。

「思い」がなければ、ひらめいても気づかない。

前述したように、あるとき私は、渋谷の歩道橋の上を歩いているときに、ずっと考えていた問題の解決法について、ひらめいたことがあった。ずっとそのことを考え続けてきたからだ。それこそ歯磨きをしているときも、布団の中でも、ごはんを食べているときも、ぼんやりと、ときには強烈に、考え続けていた。

ただ受け身で待っていても、ひらめきは降りてこない。重要なのは「考える」という「主体的な意識」である。そのことをずっと考え続け、答えを求め続けてきたからこそ、ある朝、目覚めたときに「はっ」と答えがひらめくのである。

そうなるためには、読んだり、見たり、聞いたりする経験の多くの蓄積が必要となる。何もない中から生まれる思いつきなど、大したことはないのである。

「鳥の目」と「虫の目」をもつ

自分の経験や無意識の枠にとらわれていると、想像力はふくらまない。だからその枠を取り除くことが、想像力を鍛えるひとつのポイントになるだろう。

とはいえ、いままでの経験や考えによって無意識につくられてしまった枠はだれもがもっていて、それはもうしかたがないものだ。

その枠は、人生や経験の中でつくりあげてきたもので、その人の個性や人柄、物差しや基準になるわけだから、枠はあってもいい。ただ、必要なときには意識してそれをはずせることが大切だ。

私の場合、憲法という物差しがつねにある。物事を憲法や個人の尊重という枠で見ている。だが世の中の価値観はそれがすべてではない。信仰心という枠組みもあるだろうし、営利という枠組みもあるだろう。

政治に関しても、私は一人ひとりの個人が大切だと思うが、日本という国のほうが大切な人もいる。「日本がなくなってしまったら、一人ひとりは生きていけない」と言う人もいるのだが、極端にいえば、私は別に日本がたとえ別の国になっても、一人ひとりの個人が幸せになればそれでいいのではないかと思ってしまう。でも、そうではない物差しもある。

だから、ものを考えるとき、あえて自分が持っている枠組みを取り払うことを意識するようにすると、別の視点や観点から新しいことが見えるだろう。

それはつまり「他者の枠組みから見る」ということだから、「自分の立ち位置を変えること」にほかならない。

そのために「想像力」が必要になるのだ。

自分以外の他者の視点、たとえば相手の立場になって、向こうからはどう見えるか想像してみたり、第三者として一歩離れた位置で見てみたりと、視点の取り方はいろいろだ。

他者の視点に立つとは、**自分の枠を取り払って、視点を変える**こと。

その方法はいろいろある。

「相手の立場に立つ」「第三者の中立的な立場に立つ」のほかに、ズームして寄っていったり、引いて上から鳥瞰図のように眺めたりするのもある。これを私は「鳥の目」「虫の目」と呼んでいるのだが、拡大したり、縮小したりして、自由に視点を変えていくと、「想像力」も広がっていく。

物理的に「場所」を変える

視点を変える一例をあげてみよう。

携帯電話を例にとって、さまざまな視点で想像してみる。虫の目でズームしていくとしたら、色はどうか、デザインはどうか、性能はどうか、さらには機械の中に入っていって、このチップはもう少し小さくできないか、バッテリーは軽くできないかなど細かく見ていくことができる。

反対にマクロな目で、鳥瞰して見ていくと、このスマホは誰がどんなふうに使っているのか、店でどんなふうに並んでいるのか、これを外国で売るにはどうしたらいいのか、他の家電や自動車と連動させたらどんな使い方ができるのかなど、さまざまな発想が生まれてくる。

相手の目、第三者の目、鳥の目、虫の目。さまざまな立場に視点を変えて考えてみると、自在に想像力を働かせることになるだろう。

また、文字通り、**視点の高さを変えてしまう**のもいい。

子どもと話すとき、大人がしゃがんで子どもの目線になるのは、大人が子どもの目線になることで、子どもの気持ちをより理解しようとしているからだ。

私は身長が一八七センチあるので、いつも人よりすこし高いところから世の中を見ている。だからときどき床に寝ころがって、ごろごろしながら部屋の中を眺めることがある。そうすると、いつも自分が見ているのと違う風景が見られて、発想の転換になる。

ふだんベッドに寝ている人は、床の上にマットレスを敷いて、目線の高さを変えてみるのもいいかもしれない。一晩いつもより低い位置から天井を見ながら考える夜があってもいいような気がする。

物理的に高いところに昇ってみるのも、「考える練習」になる。

私は司法試験の勉強中、精神的に行き詰まると、ときどき東京タワーの展望台に昇った。東京タワーから下を見ると、ビルやマンションや家々が豆つぶのように並んでいるのが見える。

あの屋根の下ひとつひとつ、ビルの窓ひとつひとつに人がいて、暮らしがあって、人生があって、喜びや悲しみがある。そう思うと、自分が抱えていた悩みや苦しみもちっぽけなものに思えてくる。鳥の目になって、世の中を大きく俯瞰することで、自分自身を相対化することができるのだ。

「物理的に視線の位置を変える」というこの方法は即効性があるので、考えに行き詰まったり、想像が広がらなかったりしたときに、おすすめしたい方法である。ぜひやってみてほしい。

このように、「虫の目」「鳥の目」になることは、考え方の視点を変えたり、相手の立場になったりするのに、とても効果的である。

地図を「さかさま」に見る

視点を変えるといっても、私たちはどうしても固定観念にとらわれているので、劇的に変えることは難しい。とくに国対国とか、思想対思想、宗教対宗教などとなると、自分の枠をはずして、相手の立場に立つのはなかなか難しいかもしれない。

私がよくやっているのは、「地図をさかさまに見る」ことだ。

日本の地図は、世界の中心に日本が描かれている。でも中国に行けば中国が世界の中心だし、モルディブに行けばモルディブが世界の中心だ。

何気なく見ていた世界地図が、じつは自国を中心に世界を描いているのだと気がついてから、私は頻繁に地図をひっくり返したり、地球儀をグルグルまわしたりするようになった。日本には日本を中心に置いた世界地図しかないので、せめても、その地図をひっくり返して見てみるのである。

すると日本の見え方が物理的に違って見える。それだけでも視点は動く。

さかさまの地図を眺めながら、中国の場所から日本を見たらどう見えるかとか、北朝鮮から日本を見たらどうなのかと考えてみると、日本の立場からしか見えていなかった視界が少し広がってくる。今はグーグルアースがあるので簡単に視点の移動ができる。

地図といえば、**私は新しい町に行くときには、地図をわざと見ない。**そうすることで、想像力が鍛えられるからだ。気づいたことからあれこれ想像し、あとで地図を見て答え合わせをする。

私は歩くのが好きだ。歩いていると必ず何か発見がある。同じ道を歩くのも楽しいが、いつもと違う道を歩くともっと楽しい。時間に余裕があるときは、健康のことも考えてひとつ前の駅で降りて歩いている。

ここにあんな店があるとか、工事中のここにはどんな建物が建つのだろうかとか、庭につながれたあの犬は何歳ぐらいだろうかとか、歩いていると見るものすべてが楽しいのだ。

東京にいると、鉄道網が発達しているので、ひとつの目的地に行くにもいろいろな経路が考えられる。時間に余裕があるなら、さまざまな鉄道、路線を使って目的地までのルートを楽しんでみるのもいい。

そんなことをしていると新しい発見が必ずある。そもそも旅行とはそういう発見を楽しむためにあるのではないだろうか。知らない土地、知らない景色、知らない人たちとふれあうだけで、わくわくする。

たとえ旅行に行かなくても、ふだんの通勤路をはずれてバスに乗ったり、電車に乗ったり、一駅前で降りて歩いたり、日常のそんなことでも旅行気分で、新しい発見を楽しむことができる。

日常生活の中に少し変化を持たせるだけで、「想像力」も広がるに違いない。

役者のように「別人」になりきって話す

「想像力」を鍛えるために、昔、仲間と役者のように、他の人になりきるという遊びをしていたことがある。飲み屋に行って、まだ弁護士でもないのに、新米弁護士のふりをする。

知り合いには「看護師です」と言ってみたり、ベテラン編集者のふりをしてみたりした人もいた。自分以外の別の人間になるのは、刺激的でおもしろい体験だった。

わざわざ飲み屋に行かなくても、もっと手軽に別の人間になることはできる。電車に乗って、向かいに座った人間になりきって、その人の人生や生活を想像してみるのだ。着ている服や持ち物の趣味から人となりを考えたり、職業を推測したりする。住んでいる場所、部屋の様子、誰と一緒に住んでいるかなど、想像していく。

本を読んでいて、自分が主人公になりきってしまうのも楽しいだろう。

経営者がよくやっているのは、「自分だったらどうするか」「自分だったらどう考えるか」というシミュレーションである。テレビのニュースやドキュメンタリーで経営破綻した会社や見事復活した会社の話をとりあげていることがある。

知り合いの経営者も「自分ならどうするか」といつも考えていると言っていた。そうやって想像力を働かせることで、自分が判断を迫られたときのシミュレーションをしているそうだ。

こんなふうに、**「あの人が自分だったら」と自分に置き換えて考える**のも「考える練習」になる。

イメージすることは大事である。そこからアイデアが生まれたり、自分に何が足りないのか気づいたり、未来像が明確になったり、今何をやるべきかがわかったりする。

想像力は自由自在。想像力は無限の力を持っている。

いまは何でもインターネットで調べられるので、わかった気になってしまうことがある。それこそ現地に行かなくても、グーグルマップで歩いている感じになるし、ストリートビューを使えば、その場に自分が立っているのと何ら変わらない景色を三六〇度見ることができる。

だが、実際現地に行ってみると、自分が想像していたのとは印象がかなり違うはずだ。

ネットで得られるのは視覚情報しかない。音やにおい、振動など、視覚以外の情報はいっさいない。それこそ、その場所を歩いたときに足の裏に感じる感覚、砂利や土やコンクリートを踏みしめる感じや、ヒールだと歩きにくいとか、革靴ですべりやすいというような体全体で感じる情報は、その場に行かなければわからない。

ましてや戦争の映像などは、いまでも見ようと思えばいろいろな方法で見られるのだが、においや音や振動や空気感は絶対に伝わらない。

だから、**ひとつの情報だけでわかった気にならない**ことが大事である。

わかった気になるというのは、そこで「考える練習」を放棄することになる。想像することをとめてしまうことだ。それは自分の考えを狭め、成長をとめてしまう。現地を見たからこそ知った圧倒的な現実感や体感が、次の想像力をふくらませる糧になっていくのである。

「時間軸」と「空間軸」を動かす

想像するとは、まさに未来を想像することでもある。**「時間軸」**を動かして、未来から見たらどうなのかとか、反対に過去から見たらどうなのかと考えてみることも、想像力を働かせることにつながる。

「空間軸」を変えるという方法もある。

これは自分以外の視点に立つこととも共通するが、たとえば日本の立場からではなく、中国の立場から見るとどうなるか、韓国の立場に立ったらどうかなどと想像してみることで、見えてくるものが違ってくる。

まったく見ず知らずの世界に飛び込んでいくのも、空間軸を動かすことになる。海外に出かけていって、こんな景色が地球にあるのか、こんな暮らしがあるのかと感動するのも、想像する力を刺激する。

時間軸、空間軸を動かすこの方法は、想像力を働かせて考えを深めようとするときに大変役立つ方法だ。このやり方を使うと、より斬新な考えや深まった考えを引き出すことができる。

たとえば、夫婦別姓について考えるとしよう。いまは結婚したら同じ姓を名乗るよう法律で決められているが、姓を変えたくない人や別姓のまま生活したい人もいる。だから変えたくない人は変えなくてもいいという選択的夫婦別姓を導入すればいいのではないか、という意見がある。

すると、夫婦別姓にすると、家族共同体が壊れてしまい、日本の文化や風土が守れなくなると反対する人が出てくる。

そこで、時間軸を過去に戻して考えてみよう。日本はずっと夫婦別姓だったともいえる。北条政子は結婚してもずっと北条姓だったし、篤姫も徳川姓は名乗らなかった。そもそもおおくの人には名字がなかったのだから、結婚して姓が変わるとか、変わらないとかという問題もなかったはずだ。

いまのように夫婦同姓になったのは明治になって西洋の制度を取り入れてからであ

る。だから「夫婦同姓の良き日本文化」と政治家たちが言っているのは、明治から戦前くらいまでのごく短い期間を指しているにすぎない。

もし日本の文化や風土を尊重したいのであれば、聖徳太子の頃から始まって、ずっと日本が受け継いできた「和をもって尊し」とする平和主義のほうだろう。聖徳太子の十七条憲法は西暦六〇四年というあの時代に、「争いは力ではなく話し合いで解決しよう」「人はみなそれぞれ違うのだから個性を大切にしよう」「民の声を吸いあげて政をやるのだ」というように、民主主義ともいえるものを宣言している。

ヨーロッパや中国が血で血を洗う戦いをくり返していた時代に、日本はすでに驚くべき平和国家の樹立をうたっていたわけだ。日本の文化というなら、平和国家の歴史を受け継いできたこちらを本流とすべきともいえるのだ。

というようなことも、**時間軸を過去に動かす**ことで見えてくる。

何が正しいか、正しくないかではなくて、時間軸を動かすことで、いろいろな見方が出てくる。その想像力をもてるか、もてないかで、とてつもなく大きな違いが出てくるのである。

「先延ばし」が正解のこともある

「時間軸」を〝未来〟に動かして、考えてみることもできる。

たとえば昨今、領土の問題というものがある。私は、大きな問題の解決を棚上げにするのは、まさしく「人類の知恵」だと思っている。というのは、**解決の棚上げは、「人間は進化し、成長するものだ」という発想に立っている**からだ。

いまの私たちの成長レベルではなかなか解決できないことでも、未来になれば人々が成長することによって、すばらしい解決のしかたが見いだせるようになるかもしれない。いまの自分たちには解決する能力はないが、おたがいに人間として、国家として成長するまで待って解決しようというのが、棚上げ論だと私は思っている。

もしかしたら、ときとともにおたがいが成長し、本当の意味で友好関係ができたときには、国境などいらなくなっているかもしれない。そんな世界を想像している。

だから、解決の棚上げは、たんなる先送りとは別ものだ。

考えてみると、国家間の問題は、親子の確執とも似ている。おたがいの成長過程では、どうしても譲れない問題も、子どもが親になって子育ての大変さを知ることで、父親や母親の気持ちがわかるようになる。親のほうも角がとれて丸くなって、たがいに和解するという話はたくさんある。

すべてを、いま、解決しなければいけないというわけではない。時間の経過にまかせるのがいいときもある。

時間がたって、未来の視点から見れば、どうしてあんな小さなことでもめていたのだろうかと思える時代がきっと来るに違いない。

そんなふうに、時間軸を過去や未来に動かして見ることで、いまやらなければいけないことの本質が見えてきたり、新しい考えが浮かんできたりすることがある。

大きな物事を決定したり、優先順位をつけたり、誰かを説得したりしなければならないとき、時間軸や空間軸を動かして、ものを見てみるといい。いかにそれまでの自分が、小さな枠の中でしか考えられていなかったかに気づくだろう。

「考える力」が人生を切り開いていく

つまるところ、「考える」とは「自分で」行う行為である。

自分で考える。あたり前のことなのだが、ここがじつは大切だと思っている。

考えるのは、隣に座っている人でも、親でも、上司でもない。自分自身である。しかし「考える」とは、きわめて個人的な行為であるがゆえに曲者でもある。

というのも、考える作業は、その人の生い立ちや経験、記憶、本人が生きてきた中で得たあらゆる情報や学びを総動員して行うきわめて個人的なものだから、他人と共有しにくいのだ。

そもそもの前提が違う。考え方が違う。好みが違う。そこを考慮せずに伝えようとすると、やれ「ロジカルシンキングだ」やれ「○○流の考え方だ」と、テクニカルな方法論に流れがちになる。

もちろんそれも大切だとは思うが、これまで述べたように「考える」とは個人的なものなので、その人の今までの経験や人格や性格やさまざまなものが生かされるものでなければ深みも独自性もない。

自分の生きてきた土壌の上に、「考える練習」がある。それが本当の意味で、自分で考えることになる。

「考える練習」は、自分自身の考える力を鍛えていくことだ。それは、きわめて主体的な営みだし、そこには「意思の力」が大きく働いている。自分が考えようとしなければ、人に流されるだけだ。

私は常にこう考えている。自分に何ができるのかという「ｃａｎ」を土台にしながら、「ｗｉｌｌ」の力で前に向かって進めていくという主体性がないと、考えることはできない。

これをもう少しやさしく言うと、「考える」と「思う」や「感じる」の違いである。

世間一般で言う「考える」には、何となく思うことや感じることも入ってしまっている気がする。極端な話、機械的に暗記する脳の思考過程以外のすべてが「考える」

に入ってしまっているのではないか。何となく思うこと、感じることと「考える」とをごちゃまぜにしていると、「考える力」が育たない。

「考える」は意思的なものである。言い方を変えれば、何のために考えるのか目的がある。ゴールがあるといってもいい。これを決めなければいけないから考える。これがわからないから答えを考える。これを何とかしたいから解決策を考える。

つまり「考える」とは、ゴールに向かって主体的に思考をめぐらせることである。一方、「思う」はただ偶然出てくるもので、あまり主体的なイメージはない。「感じる」も自然に受け止めるものだから、受動的なイメージがある。

「考える」とは自分の意思で一定のゴールに向かって思考を積み重ねていくものだ。それは受け身ではなく、自ら前へ進むという主体的な意識作用なのだ。

もう一度書こう。考える主体は他人ではなく自分自身だ。そして考えるためにはゴールが必要である。どこかにある正しい答えを上手に探すことができたり、人の意見をバランスよくまとめたりしても、それは「考える練習」ではない。あなたを幸せにはしてくれない。

たとえ稚拙な答えしか出なくても、自分の頭で考える。そのくり返しで、筋トレのように「考える力」は鍛えられていく。

何のために考えるのか。あなたのゴールは何か。あなたの夢は何か。伝えたいものは何か。どのように生きていきたいか。

考えることは、そのまま生きる喜びにつながっていく。

おわりに

私には夢がある。

口癖のようにくり返し何度も言ったり書いたりしているが、ここに改めて記したい。

私の夢は、世界の幸せの総量を増やすこと。日本を人権先進国、優しさ先進国、平和先進国にすること。

憲法を知ってしまった者の責任から、日本国憲法を伝える伝道師として、講演・執筆活動を積極的に行いながら、一生涯をかけて、この夢をかなえていきたいと思っている。

私はこれまで、ありがたいことに、ほんとうにたくさんの人に出会ってきた。

その中で、感じることがある。「考える練習」を経てきた人たちは、自力で何かを考え出す能力に優れている。いわゆる「地頭がよい」といわれて一目置かれたり、ずば抜けた活躍をしたりしている。

そういった周りからの評価だけでなく、自分の意思できちんと「考える練習」を重ねてきた人は、自分の選択や人生に深く納得しているし、そこに迷いは見えない。神々しくも感じるような、すがすがしい顔をしているのだ。

反対に、考えられない人間、考える力が欠如している人間は、生きていきにくい。「考える練習」について考えないでいたために、自分でも知らない間にのっぴきならない状況に立たされてしまうことが多い。

たとえば大局的に言えば、人間社会には、戦争や原発などの問題がある。「考える練習」が足りないために、もしかしたら同じ過ちをくり返さないとは言いきれない。だから、幸せな未来を求めるためにも、「考える練習」が必要なのだ。私自身も、何としてでも考え、行動していきたいと思っている。

人はなぜ生きるのか。私は、幸せになるためだと思っている。

そしてその幸せは、自分だけの幸せではない。人が本当に幸せを感じられるのは、人の幸せに貢献できたときではないだろうか。

「人は、人の幸せに貢献できたときが一番幸せである」と私は考えている。

「考える練習」ができる人間が増えれば増えるほど、私たちは幸せになり、社会の幸せの総量は増えていくと私は信じている。

本書がそのきっかけとなれば、この上ない幸せである。

著者

装丁　鈴木大輔（ソウルデザイン）
装画　秦透哉
編集協力　辻由美子
校正　鷗来堂
編集　黒川精一・桑島暁子（サンマーク出版）

［著者］

伊藤　真

（いとう　まこと）

1958年、東京生まれ。伊藤塾塾長。81年、東京大学在学中に司法試験合格。その後、受験指導を始めたところ、たちまち人気講師となり、95年、「伊藤真の司法試験塾（現、伊藤塾）」を開設する。「伊藤メソッド」と呼ばれる革新的な勉強法を導入し、司法試験短期合格者の輩出数全国トップクラスの実績を不動のものとする。「合格後を考える」という独自の指導理念が評判を呼び、「カリスマ塾長」としてその名を知られている。現在、弁護士として、「1人1票」の実現のために奮闘中。『夢をかなえる勉強法』『夢をかなえる時間術』『記憶する技術』『深く伝える技術』（サンマーク出版）、『伊藤真試験対策講座（全15巻）』（弘文堂）、『中高生のための憲法教室』（岩波書店）、『続ける力』（幻冬舎）など著書多数。

考える練習

2025年1月30日　初版発行
2025年3月10日　第3刷発行

著　者　伊藤　真
発行人　黒川精一
発行所　株式会社サンマーク出版
〒169-0074
東京都新宿区北新宿 2-21-1
電話 03-5348-7800
印　刷　株式会社暁印刷
製　本　株式会社若林製本工場

定価はカバー、帯に表示してあります。
落丁、乱丁本はお取り替えいたします。

ISBN978-4-7631-4203-0　C0030

ホームページ　https://www.sunmark.co.jp